Cuina Paleo 2023

Receptes Per a Una Vida Sana i Equilibrada

Laura Garcia

Contingut

Filets de llom a la planxa amb una bossa d'arrel ratllada 10
Saltejat de vedella asiàtica i verdures 12
Filets de taulons de cedre amb untar asiàtics i ensalada de col 14
Filets de tritip fregits amb peperonata de coliflor 17
Filets a la brasa amb salsa de bolets i Dijon 19
bistecs 19
Dep 19
Filets a la planxa amb amanida de salsa i ceba caramel·litzada 21
bistecs 21
amanida d'amanida 21
ceba caramel·litzada 22
Ribeyes a la planxa amb ceba d'herbes i mantega d'all 24
Amanida de costelló amb remolatxa a la planxa 26
Costelles a l'estil coreà amb col de gingebre estofada 28
Costelles de vedella amb gremolata de cítrics i fonoll 31
Costelles 31
Carbassa rostida 31
Gremolata 32
Pastissos de carn a l'estil suec amb amanida de cogombre amb mostassa i anet 34
Amanida de cogombre 34
Empanades de carn 34
Hamburgueses de vedella a la planxa sobre rúcula amb verdures d'arrel rostides 37
Hamburgueses de vedella a la planxa amb tomàquets amb crosta de sèsam ... 40
Hamburgueses al pal amb salsa Baba Ghanoush 43
Pebrots dolços farcits fumats 46
Hamburgueses de bisons amb ceba cabernet i rúcula 49
Bisons i xai rostits sobre mango suís i moniatos 51
Mandonguilles de bisont pintades amb pomes i groselles amb pappardelle de carbassó 54
mandonguilles 54

Salsa de poma i grosella 54
Pappardelle de carbassó 55
Bison Porcini Bolonyesa amb carbassa espaguetis d'all rostit 57
bison chili con carne 60
Filets de bisont especiats marroquins amb llimones a la planxa 62
Filet de bisont fregat amb herbes de la Provença 64
Costelles de bisonte estofades amb cafè amb gremolata de mandarina i puré d'arrel d'api 66
Marinada 66
guisar 66
brou d'os de vedella 69
Espatlla de porc especiada tunisiana amb patates fregides picants 72
Porc 72
Patates fregides 72
Espatlla de porc cubana a la graella 75
Porc rostit italià especiat amb verdures 77
Mole de porc de cuina lenta 79
Estofat de porc i carbassa amb comí 82
Top de llom farcit de fruita amb salsa de brandi 84
Per rostir 84
salsa de brandi 84
Porc rostit a l'estil porchetta 87
Llom de porc estofat amb tomàquet 89
Filet de porc farcit d'albercoc 92
Filet de porc amb crosta d'herbes amb oli d'all cruixent 94
Carn de porc indi especiat amb salsa de coco 96
Escalopes de porc amb pomes i castanyes especiades 97
Fajitas de porc sofregit 99
Llom de porc amb oporto i prunes 101
Tasses de porc a l'estil Moo Shu amb amanida amb verdures escabetxades ràpides 103
verdures marinades 103
Porc 103
Costelles de porc amb nous de macadàmia, sàlvia, figues i puré de moniato. 105
Costelles de porc rostides amb romaní i lavanda amb raïm i nous rostides 107

Costelles de porc a la Fiorentina amb bròquil rostit 109
Costelles de porc farcides d'escarola 112
Costelles fumades amb salsa de poma i mostassa 114
Costelles 114
Dep 114
Costelles de porc a la brasa amb amanida de pinya fresca 117
guisat de porc picant 119
Gulash 119
Col 119
Marinara de mandonguilla de botifarra italiana amb fonoll a rodanxes i ceba sofregida 121
mandonguilles 121
Marinara 121
Barques de carbassons farcides de porc amb alfàbrega i pinyons 124
Bols de fideus de porc al curri de pinya amb llet de coco i herbes 126
Empanades picants de porc a la graella amb amanida de cogombre picant 128
Pizza de crosta de carbassó amb pesto de tomàquet sec, pebrot dolç i botifarra italiana 130
Cuixa de xai fumada amb llimona i coriandre amb espàrrecs a la planxa 132
Olla calenta de xai 135
Guisat de xai amb pasta d'arrel d'api 138
Costelles de xai amb magrana picant i salsa de dàtils 140
Chutney 140
costelles de xai 140
Costelles de llom de xai Chimichurri amb col de radicchio estofada 142
Costelles de xai recobertes d'anxova i sàlvia amb remoulade de pastanaga i moniato 144
Hamburgueses de xai farcides de l'hort amb pebrot vermell 146
coulis de pebre vermell 146
Hamburgueses 146
Broquetes de xai amb doble orenga i salsa tzatziki 149
costelles de xai 149
salsa tzatziki 149
Pollastre a la planxa amb safrà i llimona 151
Pollastre Triturador amb Amanida Jicama 153
Pollastre 153

Amanida de col 153
Esquena de pollastre a la planxa amb vodka, pastanaga i salsa de tomàquet 156
Poulet Rôti i Rutabaga Frites 158
Coq au Vin de tres bolets amb puré de cibulet 160
Baquetes de brandy de préssec 163
Glaçat de préssec i brandi 163
Pollastre marinat a Xile amb amanida de mango i meló 165
Pollastre 165
Amanida 165
Cuixes de pollastre a l'estil tandoori amb raita de cogombre 168
Pollastre 168
Raita de cogombre 168
Estofat de pollastre al curri amb arrel, espàrrecs i espècies de menta de poma verda 170
Amanida Paillard de pollastre a la planxa amb gerds, remolatxa i ametlles torrades 172
Pits de pollastre farcits de bròquil amb salsa de tomàquet fresca i amanida Cèsar 175
Embolcalls de shawarma de pollastre a la planxa amb verdures condimentades i salsa de pinyons 178
Pits de pollastre fregits amb bolets, puré d'alls de coliflor i espàrrecs rostits ... 180
Sopa tailandesa de pollastre 182
Pollastre a la planxa amb llimona i sàlvia amb escarola 184
Pollastre amb ceba, créixens i rave 186
Pollastre Tikka Masala 188
Cuixes de pollastre Ras el Hanout 191
Cuixes de pollastre marinades amb carambola sobre espinacs saltejats 194
Tacos de pollastre i col poblana amb Chipotle Mayo 196
Estofat de pollastre amb pastanaga i bok choy 198
Pollastre rostit amb anacards i taronges i pebrot dolç sobre embolcalls d'enciam 200
Pollastre vietnamita amb coco i llimona 202
Amanida de pollastre a la planxa i escarola de poma 204
Sopa de pollastre a la Toscana amb tires de col 206
Pollastre Larb 208
Hamburgueses de pollastre amb salsa d'anacard de Szechwan 210

Salsa d'anacard de Szechwan 210
Embolcalls de pollastre turcs 212
Gallines espanyoles còrniques 214
Magret d'ànec amb magrana i amanida de Jícama 216

FILETS DE LLOM A LA PLANXA AMB UNA BOSSA D'ARREL RATLLADA

DEURES: 20 minuts de descans: 20 minuts Grill: 10 minuts de descans: 5 minuts Rendiment: 4 porcions

EL FILET DE FILET TÉ UNA TEXTURA MOLT SUAU, I UNA PETITA TIRA DE GREIX A UN COSTAT DEL BISTEC ES TORNA CRUIXENT I FUMAT A LA GRAELLA. EL MEU PENSAMENT SOBRE ELS GREIXOS ANIMALS HA CANVIAT DES DEL PRIMER LLIBRE. SI SEGUIU ELS CONCEPTES BASICS DE LA PALEO DIET® I MANTENIU DEL 10 AL 15 PER CENT DE LES VOSTRES CALORIES DIARIES DE GREIXOS SATURATS, NO AUGMENTAREU EL RISC DE PATIR MALALTIES DEL COR; DE FET, POT SER QUE SIGUI EL CONTRARI. LA NOVA INFORMACIO SUGGEREIX QUE AUGMENTAR EL COLESTEROL LDL EN REALITAT POT REDUIR LA INFLAMACIO SISTEMICA, UN FACTOR DE RISC DE MALALTIES DEL COR.

- 3 cullerades d'oli d'oliva verge extra
- 2 cullerades de rave picant fresc ratllat
- 1 culleradeta de pell de taronja ratllada finament
- ½ culleradeta de comí mòlt
- ½ culleradeta de pebre negre
- 4 filets de tires (també anomenats llom superior), tallats d'aproximadament 1 polzada de gruix
- 2 xirivias mitjanes, pelades
- 1 moniato gran, pelat
- 1 nap mitjà, pelat
- 1 o 2 escalunyes, ben picades
- 2 grans d'all picats

1 cullerada de farigola fresca, tallada a tires

1. En un bol petit, combineu 1 cullerada d'oli, rave picant, pell de taronja, comí i ¼ culleradeta de pebre. Repartiu la barreja sobre els filets; tapar i deixar durant 15 minuts a temperatura ambient.

3. Per a la brasa de carbó o gas, afegiu-hi els filets i deixeu-los reposar 5 minuts mentre les verdures s'acaben de coure. Dividiu la bossa de verdures entre quatre plats de servir; a sobre amb el filet.

SALTEJAT DE VEDELLA ASIÀTICA I VERDURES

DEURES: 30 minuts Temps de cocció: 15 minuts Rendiment: 4 racions

FIVE SPICE POWDER ES UNA BARREJA D'ESPECIES SENSE SAL. MOLT UTILITZAT EN LA CUINA XINESA. CONSISTEIX EN PARTS IGUALS DE CANYELLA MOLTA, CLAU, LLAVORS DE FONOLL, ANIS ESTRELLAT I PEBRE DE SZECHWAN.

- 1½ lliures de filet de vedella desossat o carn rostida rodona desossada, tallada d'1 polzada de gruix
- 1½ culleradetes de pols de cinc espècies
- 3 cullerades d'oli de coco refinat
- 1 ceba vermella petita, tallada a rodanxes fines
- 1 petit munt d'espàrrecs (unes 12 unces), tallats i tallats en trossos de 3 polzades
- 1½ tasses de pastanagues grogues i/o taronges picades
- 4 grans d'all, picats
- 1 culleradeta de pell de taronja ratllada finament
- ¼ tassa de suc de taronja fresc
- ¼ tassa de brou d'os de vedella (vegeu <u>recepta</u>) o brou de vedella sense sal
- ¼ tassa de vinagre de vi blanc
- ¼ a ½ culleradeta de pebre vermell mòlt
- 8 tasses de col napa triturada
- ½ tassa d'ametlles en trossos sense sal torrades o anacards sense sal picats gruixuts (vegeu el consell a la pàgina 57)

1. Si ho desitja, congelar parcialment la carn per tallar-la més fàcilment (uns 20 minuts). Talleu la carn a

rodanxes molt fines. En un bol gran, combineu la carn de vedella i la pols de cinc espècies. En un wok gran o una paella extra gran, escalfeu 1 cullerada d'oli de coco a foc mitjà-alt. Afegiu la meitat de la carn; coure i remeneu durant 3-5 minuts o fins que estigui daurat. Transfereix la carn a un bol. Repetiu amb la carn restant i una altra cullerada d'oli. Transferiu la carn a un bol amb l'altra carn cuita.

2. Afegiu la resta d'1 cullerada d'oli al mateix wok. Afegiu la ceba; coure i remeneu durant 3 minuts. Afegiu-hi els espàrrecs i les pastanagues; Cuini i remeneu durant 2-3 minuts o fins que les verdures estiguin cruixents i tendres. Afegir all; coure i remeneu 1 minut més.

3. Per a l'amaniment, combineu la ratlladura de taronja, el suc de taronja, el brou d'os de vedella, el vinagre i el pebrot vermell triturat en un bol petit. Aboqueu la salsa i tota la carn i els sucs en un bol a les verdures del wok. Cuini i remeneu durant 1-2 minuts o fins que s'escalfi. Amb una cullera ranurada, transferiu la carn i les verdures a un bol gran. Tapa per mantenir-se calent.

4. Coure la salsa descoberta a foc mitjà durant 2 minuts. Afegiu la col; coure i remeneu durant 1-2 minuts o fins que la col estigui tendra. Repartiu la col i els sucs de la cocció en quatre plats de servir. Repartiu la barreja de carn uniformement per sobre. Espolvorear amb nous.

FILETS DE TAULONS DE CEDRE AMB UNTAR ASIATICS I ENSALADA DE COL

IMMERSIO:1 hora Preparació: 40 minuts Grill: 13 minuts Descans: 10 minuts Rendiment: 4 porcions.

LA COL NAPA DE VEGADES S'ANOMENA COL XINESA.TE UNES BELLES FULLES ARRUGUES DE COLOR CREMA AMB PUNTES DE COLOR GROC BRILLANT I VERD. TE UN SABOR I UNA TEXTURA DELICATS I SUAUS, FORÇA A DIFERENCIA DE LES FULLES CEROSES DE LA COL RODONA, I ES, NO ES SORPRENENT, UN ELEMENT BASIC NATURAL EN LA CUINA D'ESTIL ASIATIC.

1 tauló gran de cedre
¼ unça de bolets shiitake secs
¼ tassa d'oli de nous
2 culleradetes de gingebre fresc mòlt
2 culleradetes de pebre vermell mòlt
1 culleradeta de pebre de Szechwan triturat
¼ de culleradeta de cinc espècies en pols
4 grans d'all, picats
4 filets de filet de vedella de 4 a 5 unces, tallats a rodanxes de ¾ a 1 polzada de gruix
Col asiàtica (vegeu recepta, d'acord amb)

1. Col·loqueu el tauler de la graella a l'aigua; baixar de pes i posar en remull durant almenys 1 hora.

2. Mentrestant, per a la pasta asiàtica, en un bol petit, cobriu els bolets shiitake secs amb aigua bullint; deixar reposar 20 minuts per rehidratar. Escorreu els bolets i

poseu-los en un processador d'aliments. Afegiu l'oli de nous, el gingebre, el pebrot vermell triturat, els grans de pebre de Sichuan, la pols de cinc espècies i l'all. Tapeu i remeneu fins que els xampinyons estiguin tallats i es combinen els ingredients; posposar

3. Escorreu el plat de la graella. Per a la brasa de carbó, col·loqueu carbó al voltant del perímetre de la graella a foc mitjà. Col·loqueu el tauler a la graella directament a sobre de les brases. Tapeu i grill durant 3-5 minuts o fins que la paella comenci a crepitar i fumejar. Col·loqueu els filets a la graella directament sobre brases calentes; coure 3-4 minuts o fins que estigui carbonitzat. Transferiu els filets a una taula, amb el costat escalfat cap amunt. Col·loqueu el tauler al centre de la graella. Repartiu la salsa asiàtica sobre els filets. Tapa i grill durant 10 a 12 minuts, o fins que un termòmetre de lectura instantània inserit horitzontalment als filets indica 130 ° F. (Si utilitzeu una graella de gas, preescalfeu la graella. Reduïu el foc a mitjà. Col·loqueu el tauler escorregut a la reixeta; tapeu-lo i feu la graella durant 3-5 minuts o fins que fins que el tauler comenci a crepitar i a fumar. Col·loqueu els filets a la graella durant 3-4 minuts o fins que els filets es transfereixin a una taula, amb el costat dorat cap amunt. Set de reixeta per a la cocció indirecta; col·loqueu el tauler amb el filet al cremador apagat. Repartiu la pasta per sobre dels filets. Tapa i graella de 10 a 12 minuts, o fins que un termòmetre de lectura instantània inserit horitzontalment al filet digui 130 °F.) Posa la reixeta per a la cocció indirecta; col·loqueu el tauler amb el filet al cremador apagat. Repartiu la pasta

per sobre dels filets. Tapa i graella de 10 a 12 minuts, o fins que un termòmetre de lectura instantània inserit horitzontalment al filet digui 130 °F.) Posa la reixeta per a la cocció indirecta; col·loqueu el tauler amb el filet al cremador apagat. Repartiu la pasta per sobre dels filets.

4. Retireu els filets de la graella. Cobriu els filets sense paper amb paper d'alumini; deixar reposar 10 minuts. Talleu els filets a rodanxes d'un quart de polzada de gruix. Serviu el bistec sobre una amanida asiàtica.

Amanida asiàtica: en un bol gran, tireu 1 col napa mitjana, tallada a rodanxes fines; 1 got de col vermella ben ratllada; 2 pastanagues, pelades i pelades; 1 pebrot vermell o groc, sense llavors i tallat a rodanxes molt fines; 4 cebes, ben picades al biaix; 1-2 pebrots serranos, picats i picats (vegeuinclinació); 2 cullerades de coriandre picat; i 2 cullerades de menta mòlta. Per a l'amaniment, combineu 3 cullerades de suc de llimona fresc, 1 cullerada de gingebre fresc ratllat, 1 gra d'all picat i ⅛ cullera deta de pols de cinc espècies en un processador d'aliments o una batedora. Tapa i processa fins que estigui suau. Amb el processador en marxa, afegiu gradualment ½ tassa d'oli de nous i polseu fins que estigui suau. Afegiu 1 ceba tallada a rodanxes fines a la salsa. Espolvoreu l'amanida i tireu-la per cobrir.

FILETS DE TRITIP FREGITS AMB PEPERONATA DE COLIFLOR

DEURES: 25 minuts Temps de cocció: 25 minuts Rendiment: 2 porcions

LA PEPERONATA ES TRADICIONALMENT UN RAGU TORRAT LENTAMENT. PEBROTS DOLÇOS AMB CEBA, ALL I HERBES. MES RICA AMB COLIFLOR, AQUESTA VERSIO A FOC LENT FUNCIONA TANT COM A GUARNICIO COM A GUARNICIO.

- 2 filets de tres puntes de 4 a 6 unces, tallats de ¾ a 1 polzada de gruix
- ¾ culleradeta de pebre negre
- 2 cullerades d'oli d'oliva verge extra
- 2 pebrots vermells i/o grocs, pelats i tallats a rodanxes
- 1 escalunya, tallada a rodanxes fines
- 1 culleradeta d'espècies mediterrànies (vegeu recepta)
- 2 tasses petites floretes de coliflor
- 2 cullerades de vinagre balsàmic
- 2 culleradetes de farigola fresca, tallada a tires

1. Assecar els filets amb tovalloles de paper. Espolseu els filets amb ¼ de culleradeta de pebre negre. Escalfeu 1 cullerada d'oli en una paella gran a foc mitjà-alt. Poseu els filets a la paella; reduir el foc a mitjà. Cuini els filets de 6 a 9 minuts a foc mitjà (145 °F), girant-los de tant en tant. (Si la carn s'enrosseix massa ràpid, reduïu el foc.) Traieu els filets de la paella; cobrir sense problemes amb paper d'alumini per mantenir-se calent.

2. Afegiu la resta d'1 cullerada d'oli a la paella de pepperonata. Afegiu pebrots dolços i escalunyes. Espolvorear amb condiment mediterrani. Coure a foc mitjà uns 5 minuts o fins que els pebrots estiguin tendres, remenant de tant en tant. Afegiu la coliflor, el vinagre balsàmic, la farigola i ½ culleradeta de pebre negre restant. Cobrir i coure durant 10-15 minuts o fins que la coliflor estigui tendra, remenant de tant en tant. Torneu els filets a la paella. Aboqueu la barreja de peperonata sobre els filets. Serviu immediatament.

FILETS A LA BRASA AMB SALSA DE BOLETS I DIJON

DEURES:15 minuts Temps de cocció: 20 minuts Rendiment: 4 porcions

AQUEST BISTEC D'INSPIRACIO FRANCESA AMB SALSA DE BOLETSPOT ESTAR A TAULA EN POC MES DE 30 MINUTS, PER LA QUAL COSA ES UNA OPCIO FANTASTICA PER A UN APAT RAPID ENTRE SETMANA.

BISTECS
- 3 cullerades d'oli d'oliva verge extra
- 1 lliura d'espàrrecs per a nadons, tallats
- 4 filets de 6 unces (carn d'espatlla de vedella desossada)*
- 2 cullerades de romaní fresc tallat a tires
- 1½ culleradetes de pebre negre mòlt

DEP
- 8 unces de bolets frescos picats
- 2 grans d'all picats
- ½ tassa de brou d'os de vedella (vegeu<u>recepta</u>)
- ¼ tassa de vi blanc sec
- 1 cullerada de mostassa a l'estil de Dijon (vegeu<u>recepta</u>)

1. Escalfeu 1 cullerada d'oli en una paella gran a foc mitjà-alt. Afegiu-hi els espàrrecs; coure 8-10 minuts o fins que estigui cruixent, girant les tiges de tant en tant per evitar que es cremin. Transferiu els espàrrecs a un plat; Cobrir amb paper d'alumini per mantenir-lo calent.

2. Espolvorear el filet amb romaní i pebre; fregar amb els dits. A la mateixa paella, escalfeu les 2 cullerades d'oli restants a foc mitjà. Afegiu filets; reduir el foc a mitjà.

Cuini durant 8-12 minuts a foc mitjà (145 °F), girant la carn de tant en tant. (Si la carn s'enrosseix massa ràpid, abaixeu el foc.) Traieu la carn de la paella, deixant el greix enrere. Cobriu els filets sense problemes amb paper d'alumini per mantenir-los calents.

3. Per a la salsa, afegiu-hi els bolets i l'all al greix de la paella; coure fins que estigui tendre, remenant de tant en tant. Afegiu brou, vi i mostassa a l'estil de Dijon. Cuini a foc mitjà, rascant els trossos daurats al fons de la paella. Porteu a ebullició; coure 1 minut més.

4. Reparteix els espàrrecs entre quatre plats plans. A sobre amb el filet; aboqueu la salsa sobre el filet.

*Nota: si no trobeu filets de ferro de 6 oz, compreu dos filets de 8-12 oz i talleu-los per la meitat per fer quatre filets.

FILETS A LA PLANXA AMB AMANIDA DE SALSA I CEBA CARAMEL·LITZADA

DEURES: 30 minuts Marinat: 2 hores Cocció: 20 minuts Refrigeració: 20 minuts Grill: 45 minuts Rendiment: 4 porcions

EL BISTEC A LA BRASA ES RELATIVAMENT NOU. EL TALL ES VA CREAR FA NOMES UNS ANYS. TALLAT A PARTIR DE LA PART SALADA DE L'ADHERENCIA A PROP DE L'OMOPLAT, ES SORPRENENTMENT SUAU I ES MOLT MES CAR DEL QUE ES, COSA QUE PROBABLEMENT EXPLICA EL SEU RAPID AUGMENT DE POPULARITAT.

BISTECS
- ⅓ tassa de suc de llima fresc
- ¼ tassa d'oli d'oliva verge extra
- ¼ tassa de coriandre picat gruixut
- 5 grans d'all picats
- 4 filets de 6 unces (espatlla de vedella desossada)

AMANIDA D'AMANIDA
- 1 cogombre (anglès), sense llavors (pelat si es vol), tallat a daus
- 1 tassa de tomàquets raïm tallats a quarts
- ½ tassa de ceba vermella picada
- ½ tassa de coriandre picat gruixut
- 1 pebrot poblano, sense pinyol i tallat a daus (vegeu inclinació)
- 1 jalapeño, sense pinyol i picat (vegeu inclinació)
- 3 cullerades de suc de llimona fresc
- 2 cullerades d'oli d'oliva verge extra

CEBA CARAMEL·LITZADA

2 cullerades d'oli d'oliva verge extra

2 cebes dolces grans (com Maui, Vidalia, Texas Sweet o Walla Walla)

½ culleradeta de xile chipotle mòlt

1. Per als bistecs, col·loqueu els filets en una bossa de plàstic tancada en un plat poc profund; posposar En un bol petit, combineu el suc de llimona, l'oli, el coriandre i l'all; aboqueu els filets a la bossa. Tanca la bossa; girar per colpejar Deixem marinar a la nevera durant 2 hores.

2. Per a l'amanida, combineu el cogombre, els tomàquets, la ceba, el coriandre, el poblano i el jalapeño en un bol gran. Barrejar per combinar. Per a l'amaniment, barregeu el suc de llimona i l'oli d'oliva en un bol petit. Cobriu les verdures amb salsa; tirar la tovallola. Cobrir i refrigerar fins a servir.

3. Per a les cebes, preescalfeu el forn a 400 ° F. Pinteu l'interior d'un forn holandès amb una mica d'oli d'oliva; posposar Talleu les cebes per la meitat al llarg, traieu-ne la pell i després talleu-les transversalment d'un quart de polzada de gruix. En un forn holandès, combineu l'oli d'oliva restant, les cebes i el pebrot chipotle. Cobrir i coure durant 20 minuts. Destapem i deixem refredar uns 20 minuts.

4. Transferiu les cebes refredades a una bossa de forn d'alumini o emboliqueu les cebes amb paper d'alumini de doble gruix. Perforeu la part superior del paper d'alumini en diversos llocs amb una broqueta.

5. Per a la brasa de carbó, col·loqueu carbó al voltant del perímetre de la graella a foc mitjà. Proveu a foc mitjà al centre de la graella. Col·loqueu el paquet al centre del bastidor. Tapeu i grill durant uns 45 minuts o fins que les cebes estiguin toves i ambre. (Si utilitzeu una graella de gas, preescalfeu la graella. Reduïu el foc a mitjà. Poseu-lo per a la graella indirecta. Col·loqueu el paquet sobre el cremador apagat. Tapeu i cuini segons les instruccions.)

6. Retireu el filet de la marinada; descartar la marinada. Per a les graelles de carbó o de gas, col·loqueu les graelles directament a la graella a foc mitjà-alt. Tapa i graella de 8 a 10 minuts, o fins que un termòmetre de lectura instantània inserit horitzontalment als filets digui 135 ° F, girant una vegada. Transferiu el filet a un plat, cobriu-lo amb paper d'alumini i deixeu-ho durant 10 minuts.

7. Per servir, dividiu la salsa entre quatre plats de servir. Disposeu un filet a cada plat i poseu-hi abundant ceba caramel·litzada. Serviu immediatament.

Instruccions de preparació: L'amanida de salsa es pot fer i refrigerar fins a 4 hores abans de servir-la.

RIBEYES A LA PLANXA AMB CEBA D'HERBES I MANTEGA D'ALL

DEURES:10 minuts de cocció: 12 minuts de refredament: 30 minuts de graella: 11 minuts de preparació: 4 racions

LA CALOR DELS FILETS ACABATS DE FER A LA BRASA S'ESTA FONENTMUNTS DE CEBA CARAMEL·LITZADA, ALLS I HERBES AROMATIQUES AMB UNA BARREJA D'OLI DE COCO I OLI D'OLIVA AMB UN SABOR RIC.

- 2 cullerades d'oli de coco sense refinar
- 1 ceba petita, tallada a la meitat i a rodanxes molt fines (aproximadament ¾ tassa)
- 1 gra d'all, tallat a rodanxes molt fines
- 2 cullerades d'oli d'oliva verge extra
- 1 cullerada de julivert fresc, tallat a tires
- 2 culleradetes de farigola fresca, romaní i/o orenga, picades
- 4 filets de costell de vedella de 8 a 10 unces, tallats d'1 polzada de gruix
- ½ culleradeta de pebre negre recent mòlt

1. Foneu l'oli de coco en una paella mitjana a foc lent. Afegiu la ceba; coure durant 10-15 minuts o fins que estigui lleugerament daurat, remenant de tant en tant. Afegir all; Cuini 2-3 minuts més o fins que la ceba estigui daurada, remenant de tant en tant.

2. Transferiu la barreja de ceba a un bol petit. Afegiu-hi l'oli d'oliva, el julivert i la farigola. Refrigerar, descobert, durant 30 minuts o fins que la mescla sigui prou ferma per formar un monticle quan es tregui, remenant de tant en tant.

3. Mentrestant, empolvoreu el filet amb pebre. Per a les graelles de carbó o gas, poseu els filets a la graella directament a foc mitjà. Tapeu i feu a la graella durant 11-15 minuts per a rars mitjans (145 °F) o 14-18 minuts per a mitjans (160 °F), girant una vegada a la meitat de la graella.

4. Per servir, poseu cada filet en un plat de servir. Immediatament, aboqueu la barreja de ceba de manera uniforme sobre els filets.

AMANIDA DE COSTELLÓ AMB REMOLATXA A LA PLANXA

DEURES:20 minuts Grill: 55 minuts Descans: 5 minuts
Rendiment: 4 porcions

EL GUST TERROS DE LA REMOLATXA ES UNA COMBINACIO MERAVELLOSALA DOLÇOR DE LES TARONGES I LES NOUS TORRADES AFEGEIXEN CRUIXENT A AQUESTA AMANIDA DE PLAT PRINCIPAL, PERFECTA PER SOPAR A L'AIRE LLIURE EN UNA CALIDA NIT D'ESTIU.

- 1 lliura de remolatxa mitjana daurada i/o vermella, rentada, retallada i tallada a rodanxes
- 1 ceba petita, tallada a rodanxes fines
- 2 branquetes de farigola fresca
- 1 cullerada d'oli d'oliva verge extra
- pebre negre mòlt
- 2 filets de costell de vedella desossats de 8 unces, tallats de ¾ de polzada de gruix
- 2 grans d'all, tallats per la meitat
- 2 cullerades d'espècies mediterrànies (vegeu<u>recepta</u>)
- 6 tasses d'amanida mixta
- 2 taronges, pelades, tallades a rodanxes i trossejades
- ½ tassa de nous picades, torrades (vegeu<u>inclinació</u>)
- ½ tassa de vinagreta de cítrics brillants (vegeu<u>recepta</u>)

1. Poseu les branques de remolatxa, la ceba i la farigola en una paella d'alumini. Ruixeu-ho amb oli i tireu-ho per combinar; espolvorear lleugerament amb pebre negre mòlt. Per a la brasa de carbó o gas, col·loqueu la paella al centre de la graella. Cobrir i coure durant 55-60

minuts o fins que estigui tendre quan es travessa amb un ganivet, remenant de tant en tant.

2. Mentrestant, fregueu els dos costats del filet amb els costats tallats dels alls; espolvorear amb condiment mediterrani.

3. Mou les remolatxes al centre de la graella per deixar lloc als filets. Col·loqueu els filets a la graella directament a foc mitjà. Tapeu i feu a la graella durant 11-15 minuts per a rars mitjans (145 °F) o 14-18 minuts per a mitjans (160 °F), girant una vegada a la meitat de la graella. Traieu el paper d'alumini i el filet de la graella. Deixeu reposar els filets durant 5 minuts. Descarteu les branques de farigola de la paella d'alumini.

4. Talleu el bistec a rodanxes fines en diagonal a trossos d'una mossegada. Dividiu les verdures en quatre plats de servir. Damunt amb filet a rodanxes, remolatxa, rodanxes de ceba, taronges a rodanxes i nous. Regeix amb la vinagreta de cítrics brillant.

COSTELLES A L'ESTIL COREA AMB COL DE GINGEBRE ESTOFADA

DEURES:Enfornar durant 50 minuts: coure durant 25 minuts: refredar durant 10 hores: durant la nit Rendiment: 4 porcions

ASSEGUREU-VOS QUE LA TAPA DEL VOSTRE FORN HOLANDESENCAIXA MOLT BE PERQUE EL LIQUID DE COCCIO NO S'EVAPORI PER L'ESPAI ENTRE LA TAPA I L'OLLA DURANT UN TEMPS DE COCCIO MOLT LLARG.

- 1 unça de bolets shiitake secs
- 1½ tasses d'all tallat a rodanxes
- 1 pera asiàtica, pelada, pelada i trossejada
- 1 tros de gingebre fresc de 3 polzades, pelat i picat
- 1 pebrot serrano, picat finament (llavor si es vol) (vegeu inclinació)
- 5 grans d'all
- 1 cullerada d'oli de coco refinat
- 5 lliures de costelles curtes de vedella amb ossos
- pebre negre recent mòlt
- 4 tasses de brou d'os de vedella (vegeu recepta) o brou de vedella sense sal
- 2 tasses de bolets shiitake frescos picats
- 1 cullerada de pell de taronja ratllada finament
- ⅓ tassa de suc fresc
- Col de gingebre estofada (vegeu recepta, d'acord amb)
- Pela de taronja ratllada finament (opcional)

1. Preescalfeu el forn a 325 ° F. Col·loqueu els bolets shiitake secs en un bol petit; afegir prou aigua bullint per cobrir. Deixeu reposar uns 30 minuts o fins que

estigui rehidratat i suau. Escórrer, reservant el líquid de remull. Piqueu els bolets finament. Col·loqueu els bolets en un bol petit; cobrir i refrigerar fins que sigui necessari al pas 4. Apartar els bolets i el líquid.

2. Per a la salsa, combineu les cebes, la pera asiàtica, el gingebre, el serrano, l'all i el líquid de remull de bolets reservat en un processador d'aliments. Tapa i processa fins que estigui suau. Deixeu la salsa a un costat.

3. Escalfeu l'oli de coco en una cassola de 6 quarts a foc mitjà-alt. Espolvorear les costelles amb pebre negre acabat de mòltar. Fregiu les costelles per lots a l'oli de coco calent durant uns 10 minuts o fins que estiguin ben daurades per tots els costats, girant-les a la meitat. Torneu totes les costelles a l'olla; afegir la salsa i el brou de vedella. Cobriu el forn holandès amb una tapa ajustada. Es rosteix unes 10 hores o fins que la carn estigui ben tendra i caigui de l'os.

4. Traieu amb cura les costelles de la salsa. Col·loqueu les costelles i la salsa en bols separats. Cobrir i refrigerar durant la nit. Quan estigui refredat, retireu el greix de la superfície de la salsa i llenceu-ho. Porteu la salsa a ebullició a foc fort; afegir els bolets hidratats del pas 1 i els bolets frescos. Cuini a foc lent durant 10 minuts per reduir la salsa i intensificar els sabors. Torneu les costelles a la salsa; coure a foc lent fins que estigui calent. Afegiu 1 cullerada de pell de taronja i suc de taronja. Serviu amb col de gingebre escalfada. Si ho desitja, empolvoreu amb pell de taronja addicional.

Braised Ginger Kale: Escalfeu 1 cullerada d'oli de coco refinat en una paella gran a foc mitjà. Afegiu 2 cullerades de gingebre fresc picat; 2 grans d'all picat; i pebre vermell mòlt al gust. Cuini i remeneu fins que estigui fragant, uns 30 segons. Afegiu-hi 6 tasses de napa, col rizada o col verds triturades i 1 pera asiàtica, pelada, sense cor i tallada a rodanxes fines. Coure i remeneu durant 3 minuts, o fins que la col s'hagi marcit una mica i les peres s'hagin suavitzat. Afegiu ½ tassa de suc de poma sense sucre. Tapeu i deixeu coure uns 2 minuts fins que la col estigui tendra. Afegiu ½ tassa de ceba a rodanxes i 1 cullerada de llavors de sèsam.

COSTELLES DE VEDELLA AMB GREMOLATA DE CITRICS I FONOLL

DEURES:40 minuts Grill: 8 minuts Cocció lenta: 9 hores (petita) o 4½ hores (gran) Rendiment: 4 porcions

GREMOLATA ÉS UNA BARREJA DELICIOSAJULIVERT, ALL I RATLLADURA DE LLIMONA ESCAMPATS PER SOBRE D'OSSO BUCCO, UNA CUIXA DE VEDELLA BRASA ITALIANA CLÀSSICA, PER TREURE'N EL SABOR RIC I MANTEGA. AFEGIR RATLLADURA DE TARONJA I FULLES DE FONOLL DE PLOMES FRESQUES FA EL MATEIX PER A AQUESTES COSTELLES DE VEDELLA TENDRES.

COSTELLES
- 2½ a 3 lliures de costelles curtes de vedella amb ossos
- 3 cullerades de condiment d'herbes de llimona (vegeurecepta)
- 1 bulb de fonoll mitjà
- 1 ceba gran, tallada a rodanxes grans
- 2 tasses de brou d'os de vedella (vegeurecepta) o brou de vedella sense sal
- 2 grans d'all, tallats per la meitat

CARBASSA ROSTIDA
- 3 cullerades d'oli d'oliva verge extra
- 1 lliura de carbassa, pelada, sense llavors i tallada a trossos de ½ polzada (unes 2 tasses)
- 4 culleradetes de farigola fresca, tallada a tires
- oli d'oliva verge extra

GREMOLATA

¼ tassa de julivert fresc picat
2 cullerades d'all picat
1½ culleradetes de pell de llimona ratllada finament
1½ culleradetes de pell de taronja ratllada finament

1. Espolvorear les costelles amb herbes de llimona; frega lleugerament la carn amb els dits; posposar Traieu les fulles de fonoll; reserva per a cítrics i fonoll Gremolata. Talleu també el bulb de fonoll a quarts.

2. Per a la brasa de carbó, col·loqueu el carbó a un costat de la graella a foc mitjà. Proveu de foc mitjà al costat de la graella sense carbó. Col·loqueu les costelles a la graella lluny de les brases; poseu els quarts de fonoll i les rodanxes de ceba a la graella directament sobre les brases. Tapeu i graella de 8 a 10 minuts o fins que les verdures i les costelles estiguin daurades, girant una vegada a la meitat. (Si utilitzeu una graella de gas, preescalfeu la graella, reduïu el foc a mitjà. Poseu-lo a la graella indirecta. Col·loqueu les costelles a la graella sobre el cremador sense encendre; poseu el fonoll i la ceba a la graella sobre el cremador encès. Tapeu i graella tal com s'indica.) Quan estigui prou fred. podria utilitzar

3. Combina el fonoll i la ceba picats, el brou d'os de vedella i l'all en una olla de cocció lenta de 5 a 6 quarts. Afegiu-hi les costelles. Tapa i cuini a foc baix durant 9-10 hores o 4½-5 hores a màxim. Amb una cullera ranurada, transferiu les costelles al plat; Cobrir amb paper d'alumini per mantenir-lo calent.

4. Mentrestant, per a la carbassa, escalfeu 3 cullerades d'oli en una paella gran a foc mitjà-alt. Afegiu la carbassa i 3 culleradetes de farigola, remenant per cobrir la carbassa. Col·loqueu la carbassa en una sola capa a la paella i deixeu-ho coure sense remenar durant uns 3 minuts o fins que estigui daurada al fons. Gireu els trossos de carbassa; coure uns 3 minuts més o fins que estigui daurat pels dos costats. Reduïu el foc a baix; tapar i coure durant 10-15 minuts o fins que estigui tendre. Espolvorear amb la resta de culleradeta de farigola fresca; raig amb oli d'oliva verge extra.

5. Per a la gremolata, piqueu finament prou de les fulles de fonoll reservades per fer ¼ de tassa. En un bol petit, combineu les fulles de fonoll picades, el julivert, l'all, la ratlladura de llimona i la de taronja.

6. Espolseu la gremolata per sobre de les costelles. Servir amb carbassa.

PASTISSOS DE CARN A L'ESTIL SUEC AMB AMANIDA DE COGOMBRE AMB MOSTASSA I ANET

DEURES: 30 minuts Temps de cocció: 15 minuts Rendiment: 4 racions

LA VEDELLA A LA LINDSTROM ÉS UNA HAMBURGUESA SUECA TRADICIONALMENT AMB CEBA, TÀPERES I REMOLATXA EN VINAGRE, SERVIT AMB SALSA I SENSE PA. AQUESTA VERSIÓ AMB INFUSIÓ DE PEBRE DE JAMAICA SUBSTITUEIX LA REMOLATXA ROSTIDA PER REMOLATXA I TÀPERES ADOBADES AMB SAL I ES COBREIX AMB UN OU FERRAT.

AMANIDA DE COGOMBRE
- 2 culleradetes de suc de taronja fresc
- 2 culleradetes de vinagre de vi blanc
- 1 culleradeta de mostassa a l'estil de Dijon (vegeu recepta)
- 1 cullerada d'oli d'oliva verge extra
- 1 cogombre gran sense llavors (anglès), pelat i tallat a rodanxes
- 2 cullerades d'all picat
- 1 cullerada d'anet fresc picat

EMPANADES DE CARN
- 1 lliura de vedella mòlta
- ¼ tassa de ceba picada finament
- 1 cullerada de mostassa a l'estil de Dijon (vegeu recepta)
- ¾ culleradeta de pebre negre
- ½ culleradeta de pebre de Jamaica mòlt
- ½ remolatxa petita, rostida, pelada i picada finament*

2 cullerades d'oli d'oliva verge extra

½ tassa de brou d'os de vedella (vegeu<u>recepta</u>) o brou de vedella sense sal

4 ous grans

1 cullerada d'all picat finament

1. Per a l'amanida de cogombre, combina el suc de taronja, el vinagre i la mostassa a l'estil de Dijon en un bol gran. Aboqueu lentament l'oli d'oliva en un raig prim, remenant fins que la salsa espesseixi una mica. Afegiu el cogombre, la ceba i l'anet; remenar fins que es combini. Cobrir i refrigerar fins a servir.

2. Per a les patates de vedella, combineu la carn picada, la ceba, la mostassa a l'estil de Dijon, el pebre i el pebre de Jamaica en un bol gran. Afegiu la remolatxa rostida i remeneu-ho suaument fins que es barregi uniformement amb la carn. Formeu la barreja en quatre panets de ½ polzada de gruix.

3. Escalfeu 1 cullerada d'oli d'oliva en una paella gran a foc mitjà-alt. Coure les hamburgueses durant uns 8 minuts o fins que l'exterior estigui daurat i cuit (160°), girant una vegada. Transferiu els scones a un plat i cobriu-los amb paper d'alumini per mantenir-los calents. Afegiu el brou d'os de vedella, remenant per raspar els trossos daurats del fons de la paella. Coure uns 4 minuts o fins que es redueixi a la meitat. Pinteu les patates amb el suc reduït de la paella i torneu a tapar-les sense anar.

4. Rentar i netejar la paella amb una tovallola de paper. Escalfeu 1 cullerada d'oli d'oliva restant a foc mitjà. Fregiu els ous en l'oli calent durant 3-4 minuts, o fins

que les clares estiguin ben cuajades però els rovells estiguin tous i líquids.

5. Bateu un ou a cada pastisset de carn. Espolvorear amb cibulet i servir amb amanida de cogombre.

*Consell: Per rostir les remolatxes, peleu-les bé i poseu-les sobre un tros de paper d'alumini. Regar amb una mica d'oli d'oliva. Embolicar amb paper d'alumini i segellar bé. Es rosteix al forn a 375 °F durant uns 30 minuts o fins que una forquilla trafi fàcilment les remolatxes. Deixar refredar; lliscar-se de la pell. (La remolatxa es pot rostir fins a 3 dies. Emboliqueu bé les remolatxes pelades i guardeu-les a la nevera.)

HAMBURGUESES DE VEDELLA A LA PLANXA SOBRE RUCULA AMB VERDURES D'ARREL ROSTIDES

DEURES: Forn durant 40 minuts: 35 minuts Torrat: 20 minuts
Rendiment: 4 porcions

HI HA MOLTES COSES AQUESTES ABUNDANTS HAMBURGUESES TRIGUEN UNA MICA DE TEMPS A PREPARAR-SE, PERO L'INCREÏBLE COMBINACIO DE SABORS VAL LA PENA: EL PASTIS DE VEDELLA ES COBREIX AMB UNA SALSA CARAMEL·LITZADA DE CEBA I BOLETS I SE SERVEIX AMB VERDURES DOLCES ROSTIDES I PEBROTS DE RUCA.

- 5 cullerades d'oli d'oliva verge extra
- 2 tasses de bolets frescos picats, cremini i/o shiitake
- 3 cebes grogues, tallades a rodanxes fines*
- 2 culleradetes de comí
- 3 pastanagues, pelades i tallades a trossos d'1 polzada
- 2 xirivia, pelades i tallades a trossos d'1 polzada
- 1 carbassa de gla, tallada a la meitat, les llavors tretes i tallades a rodanxes
- pebre negre recent mòlt
- 2 lliures de carn picada
- ½ tassa de ceba picada finament
- 1 cullerada de barreja de condiments per a tot ús sense sal
- 2 tasses de brou d'os de vedella (vegeu recepta) o brou de vedella sense sal
- ¼ tassa de suc de poma sense sucre
- 1-2 cullerades de vinagre de vi blanc o xerès sec
- 1 cullerada de mostassa a l'estil de Dijon (vegeu recepta)

1 cullerada de fulles de farigola fresca picades
1 cullerada de julivert fresc, tallat a tires
8 tasses de fulles de rúcula

1. Preescalfeu el forn a 425 ° F. Per a la salsa, escalfeu 1 cullerada d'oli d'oliva en una paella gran a foc mitjà-alt. Afegiu-hi els bolets; coure i remeneu uns 8 minuts o fins que estigui ben daurat i tendre. Amb una cullera ranurada, transferiu els bolets a un plat. Torneu la paella a escalfar; reduir el foc a mitjà. Afegiu la resta d'1 cullerada d'oli d'oliva, les cebes picades i el comí. Tapeu i deixeu coure durant 20-25 minuts, o fins que les cebes estiguin molt toves i daurades, remenant de tant en tant. (Ajusteu la calor si cal per evitar que es cremin la ceba.)

2. Mentrestant, per als tubercles fregits, disposar les pastanagues, la xirivia i la carbassa en una safata gran per al forn. Regar amb 2 cullerades d'oli d'oliva i pebre al gust; tirar per arrebossar les verdures. Rostir durant 20-25 minuts o fins que estigui tendre i comenci a daurar-se, girant-lo a la meitat. Mantingueu les verdures calentes fins que estiguin llestes per servir.

3. Per a les hamburgueses, combineu la carn picada, la ceba picada finament i la barreja d'espècies en un bol gran. Dividiu la barreja de carn en quatre porcions iguals i formeu pastissos d'uns ¾ de polzada de gruix. En una paella molt gran, escalfeu la cullerada d'oli d'oliva restant a foc mitjà. Col·loqueu les hamburgueses a la paella; coure durant uns 8 minuts o fins que estigui carbonitzat per ambdós costats, girant una vegada. Transferiu les hamburgueses a un plat.

4. Afegiu a la paella les cebes caramel·litzades, els bolets reservats, el brou d'os de vedella, el suc de poma, el xerès i la mostassa de Dijon, remenant per combinar. Torneu les hamburgueses a la paella. Porta a ebullició. Cuini fins que les hamburgueses estiguin cuites (160 °F), uns 7-8 minuts. Afegiu-hi farigola fresca, julivert i pebre al gust.

5. Per servir, poseu 2 tasses de rúcula en cadascun dels quatre plats de servir. Repartiu les verdures rostides entre l'amanida i, a continuació, poseu-hi els brownies. Aboqueu generosament la barreja de ceba sobre les hamburgueses.

* Consell: una talladora de mandolina és ideal per tallar cebes.

HAMBURGUESES DE VEDELLA A LA PLANXA AMB TOMAQUETS AMB CROSTA DE SESAM

DEURES:30 minuts de descans: 20 minuts Grill: 10 minuts
Rendiment: 4 porcions

LLESQUES DE TOMAQUET CRUIXENT I DAURAT AMB CROSTA DE SESAMSUBSTITUÏU EL PA TRADICIONAL PER LLAVORS DE SESAM EN AQUESTES HAMBURGUESES FUMADES. SERVIU-LOS AMB UN GANIVET I UNA FORQUILLA.

Llesques de tomàquet vermell o verd de 4 ½ polzades de gruix*

1¼ lliures de vedella mòlta magra

1 cullerada d'espècies fumades (vegeu recepta)

1 ou gran

¾ tassa de farina d'ametlla

¼ tassa de llavors de sèsam

¼ culleradeta de pebre negre

1 ceba vermella petita, tallada a daus per la meitat

1 cullerada d'oli d'oliva verge extra

¼ tassa d'oli de coco refinat

1 cap petit d'enciam Bibb

Ketchup Paleo (vegeu recepta)

Mostassa a l'estil de Dijon (vegeu recepta)

1. Col·loqueu les rodanxes de tomàquet sobre una doble capa de paper absorbent. Cobriu els tomàquets amb una altra doble capa de paper absorbent. Premeu lleugerament les tovalloles de paper per enganxar-les als tomàquets. Deixeu-ho a temperatura ambient durant

20-30 minuts perquè absorbeixi una mica del suc de tomàquet.

2. Mentrestant, combineu la carn picada i les espècies fumades en un bol gran. Formeu quatre panets de ½ polzada de gruix.

3. En un bol poc profund, bateu l'ou lleugerament amb una forquilla. En un altre bol poc profund, combineu la farina d'ametlla, les llavors de sèsam i el pebre. Submergeix cada rodanxa de tomàquet a l'ou, girant-la per cobrir. Deixeu escórrer l'excés d'ou. Submergeix cada rodanxa de tomàquet a la barreja de farina d'ametlla, girant-la per cobrir. Poseu els tomàquets triturats en un plat pla; posposar Fregiu les rodanxes de ceba en oli d'oliva; poseu les rodanxes de ceba a la cistella del forn.

4. Per a les graelles de carbó o de gas, poseu les cebes a la cistella i les patates de carn a la graella a foc mitjà. Tapeu i grill durant 10-12 minuts o fins que les cebes estiguin daurades i lleugerament carbonitzades i les hamburgueses estiguin cuites (160 °), remenant les cebes de tant en tant i voltejant les hamburgueses una vegada.

5. Mentrestant, escalfeu l'oli en una paella gran a foc mitjà. Afegiu rodanxes de tomàquet; coure 8-10 minuts o fins que estigui daurat, girant una vegada. (Si els tomàquets s'enrossen massa ràpidament, reduïu el foc a mitjà. Afegiu-hi més oli si cal.) Escorreu-los en un plat folrat amb paper de cuina.

6. Per servir, dividiu l'amanida entre quatre plats de servir. Damunt amb patates, ceba, salsa de tomàquet paleo, mostassa a l'estil de Dijon i tomàquets amb crosta de sèsam.

*Nota: probablement necessitareu 2 tomàquets grans. Si feu servir tomàquets vermells, trieu tomàquets madurs però encara una mica ferms.

HAMBURGUESES AL PAL AMB SALSA BABA GHANOUSH

IMMERSIO:15 minuts Preparació: 20 minuts A la planxa: 35 minuts Rendiment: 4 porcions

BABA GHANOUSH ES UNA EXTENSIO DE L'ORIENT MITJAELABORAT AMB ALBERGINIES A LA PLANXA FUMADES TRITURADES AMB OLI D'OLIVA, LLIMONA, ALL I TAHINI, UNA PASTA FETA AMB LLAVORS DE SESAM MOLTES. UNA MICA DE LLAVORS DE SESAM ESTA BE, PERO FETES EN OLI O PASTA, ES CONVERTEIXEN EN UNA FONT CONCENTRADA D'ACID LINOLEIC, QUE POT CONTRIBUIR A LA INFLAMACIO. LA MANTEGA DE PINYONS QUE S'UTILITZA AQUI ES UN BON SUBSTITUT.

- 4 tomàquets secs
- 1½ lliures de vedella mòlta magra
- 3-4 cullerades de ceba picada finament
- 1 cullerada d'orenga fresca picada finament i/o menta fresca picada finament o ½ culleradeta d'orenga seca, picada
- ¼ culleradeta de pebre de caiena
- Salsa per immersió Baba Ghanoush (vegeu recepta, d'acord amb)

1. Remullar vuit broquetes de fusta de 10 polzades en aigua durant 30 minuts. Mentrestant, en un bol petit, cobriu els tomàquets amb aigua bullint; deixar reposar 5 minuts per rehidratar. Escorreu i assequeu els tomàquets amb paper absorbent.

2. En un bol gran, combineu els tomàquets tallats a daus, la carn picada, la ceba, l'orenga i el pebrot de caiena.

Dividiu la barreja de carn en vuit porcions; enrotllar cada porció en una bola. Traieu els collarets de l'aigua; Això ho sé. Enfileu la bola a la broqueta i formeu un oval llarg al voltant de la broqueta, començant just per sota de l'extrem punxegut, deixant prou espai a l'altre extrem per subjectar el pal. Repetiu-ho amb les broquetes i les boles restants.

3. Per a les graelles de carbó o gas, poseu les broquetes de carn directament a la graella a foc mitjà. Tapeu i grill durant uns 6 minuts o fins que estigui fet (160 °F), girant una vegada a la meitat de la graella. Serviu-ho amb salsa Baba Ghanoush.

Salsa d'immersió Baba Ghanoush: punxeu 2 albergínies mitjanes en diversos llocs amb una forquilla. Per a les graelles de carbó o gas, poseu l'albergínia a la graella directament a foc mitjà. Tapa i grill durant 10 minuts o fins que quedi carbonitzat per tots els costats, girant diverses vegades durant la cocció. Traieu les albergínies i emboliqueu-les amb cura amb paper d'alumini. Torneu a col·locar l'albergínia embolicada a la graella, però no directament a les brases. Cobrir i coure durant 25-35 minuts més o fins que estigui esmicolat i ben tendre. Assolellat. Talleu les albergínies per la meitat i treu-ne la polpa; posar la carn en un processador d'aliments. Afegiu ¼ de tassa de mantega de pinyons (vegeu<u>recepta</u>); ¼ tassa de suc de llimona fresc; 2 grans d'all picat; 1 cullerada d'oli d'oliva verge extra; 2-3 cullerades de julivert fresc, tallat a tires; i ½ cullerdeta de comí mòlt. Tapa i processa fins que estigui gairebé suau. Si la salsa és massa espessa per submergir-la, afegiu-hi prou aigua per obtenir la consistència desitjada.

PEBROTS DOLÇOS FARCITS FUMATS

DEURES:Cocció 20 minuts: Cocció 8 minuts: 30 minuts
Rendiment: 4 porcions

FES-NE EL PREFERIT DE LA FAMILIAAMB UNA BARREJA DE PEBROTS DOLÇOS DE COLORS PER A UN PLAT ATRACTIU. ELS TOMAQUETS ROSTITS AL FOC SON UN BON EXEMPLE D'UNA MANERA SALUDABLE D'AFEGIR UN GRAN SABOR ALS VOSTRES ALIMENTS. SIMPLEMENT ESCALFEU ELS TOMAQUETS LLEUGERAMENT (SENSE SAL) ABANS DE CONSERVAR-LOS PER MILLORAR-NE EL SABOR.

- 4 pebrots grans de color verd, vermell, groc i/o taronja
- 1 lliura de vedella mòlta
- 1 cullerada d'espècies fumades (vegeu recepta)
- 1 cullerada d'oli d'oliva verge extra
- 1 ceba groga petita, picada
- 3 grans d'all picats
- 1 cap petit de coliflor, sense cor i tallat en floretes
- 1 llauna de 15 unces de tomàquets rostits al foc sense sal afegit, escorreguts
- ¼ tassa de julivert fresc picat finament
- ½ culleradeta de pebre negre
- ⅛ culleradeta de pebre de caiena
- ½ tassa de cobertura de molla de nou (vegeu recepta, d'acord amb)

1. Preescalfeu el forn a 375 ° F. Talleu els pebrots per la meitat verticalment. Eliminar tiges, llavors i membranes; llençar Deixeu les meitats de pebrot a un costat.

2. Col·loqueu la carn picada en un bol mitjà; espolvorear amb espècies fumades. Amb les mans, barreja suaument les espècies a la carn.

3. Escalfeu l'oli d'oliva en una paella gran a foc mitjà. Afegiu la carn, la ceba i l'all; coure fins que la carn estigui daurada i la ceba estigui tova, remenant amb una cullera de fusta per trencar la carn. Retireu la paella del foc.

4. Utilitzeu un robot d'aliments per fer puré les floretes de coliflor fins que estiguin ben picades. (Si no teniu un processador d'aliments, ratlleu la coliflor amb un ratllador de caixa.) Mesureu 3 tasses de coliflor. Afegiu a la barreja de vedella mòlta a la paella. (Si queda alguna coliflor, deseu-la per a un altre ús.) Afegiu els tomàquets escorreguts, el julivert, el pebre negre i la caiena.

5. Ompliu les meitats de pebrot amb la barreja de carn picada, envaseu lleugerament i aboqueu-hi una mica. Col·loqueu les meitats del pebrot farcit en una safata de forn. Coure al forn durant 30-35 minuts o fins que els pebrots estiguin cruixents. * Damunt amb molles de nou. Si ho desitja, torneu al forn durant 5 minuts perquè es dauri abans de servir.

Topping de molles de nou: escalfeu 1 cullerada d'oli d'oliva verge extra en una paella mitjana a foc mitjà-baix. Afegiu 1 culleradeta de farigola seca, 1 culleradeta de pebre vermell fumat i ¼ de culleradeta d'all en pols. Afegiu 1 tassa de nous picades finement. Cuini i remeneu uns 5 minuts o fins que les nous estiguin daurades i lleugerament torrades. Afegiu un pessic o dos de pebre de caiena. Deixeu refredar completament. Guardeu les restes d'apòsit en un recipient hermètic a la nevera fins que estigui llest per utilitzar-lo. Fa 1 tassa.

*Nota: si utilitzeu pebrots verds, cuini durant 10 minuts més.

HAMBURGUESES DE BISONS AMB CEBA CABERNET I RUCULA

DEURES:Cocció 30 minuts: 18 minuts A la planxa: 10 minuts
Rendiment: 4 porcions

BICHON ES MOLT BAIX EN GREIXI ES CUINARA UN 30-50% MES RAPID QUE LA CARN DE VEDELLA. LA CARN CONSERVA EL SEU COLOR VERMELL DESPRES DE LA COCCIO, DE MANERA QUE EL COLOR NO ES UN INDICADOR QUE ESTIGUI CUITA. COM QUE EL BISONT ÉS TAN PRIM, NO EL CUINI A UNA TEMPERATURA INTERNA DE 155 ° F.

- 2 cullerades d'oli d'oliva verge extra
- 2 cebes dolces grans, tallades a rodanxes fines
- ¾ tassa de Cabernet Sauvignon o un altre vi negre sec
- 1 culleradeta d'espècies mediterrànies (vegeurecepta)
- ¼ tassa d'oli d'oliva verge extra
- ¼ tassa de vinagre balsàmic
- 1 cullerada d'escalunyes ben picades
- 1 cullerada d'alfàbrega fresca picada
- 1 gra d'all petit, picat
- 1 lliura de bisont mòlt
- ¼ tassa de pesto d'alfàbrega (vegeurecepta)
- 5 tasses de rúcula
- Festucs crus sense sal, rostits (vegeuinclinació)

1. Escalfeu 2 cullerades d'oli en una paella gran a foc mitjà-baix. Afegiu les cebes. Cuini, tapat, de 10 a 15 minuts o fins que les cebes estiguin tendres, remenant de tant en tant. per descobrir; coure i remeneu a foc mitjà durant

3-5 minuts o fins que les cebes estiguin daurades. Afegiu-hi vi; coure uns 5 minuts o fins que la major part del vi s'hagi evaporat. Espolvorear amb condiment mediterrani; mantenint-se calent.

2. Mentrestant, per a la vinagreta, combineu ¼ de tassa d'oli d'oliva, el vinagre, les escalunyes, l'alfàbrega i l'all en un pot. Tapa i sacseja bé.

3. En un bol gran, combineu lleugerament el bisont mòlt i el pesto d'alfàbrega. Formeu lleugerament la barreja de carn en quatre panets de ¾ de polzada de gruix.

4. Per a les graelles de carbó o de gas, poseu les patates a una graella lleugerament untada amb oli directament a foc mitjà. Tapeu i grill durant uns 10 minuts fins a la cocció desitjada (145 ° F per mitjà-rar o 155 ° F per mitjà), girant una vegada a la meitat.

5. Poseu la rúcula en un bol gran. Repartiu la vinagreta sobre la ruca; tirar la tovallola. Per servir, dividiu les cebes entre quatre plats de servir; damunt cadascuna amb una empanada de bisó. Remeneu les hamburgueses amb ruca i espolvoreu amb festucs.

BISONS I XAI ROSTITS SOBRE MANGO SUIS I MONIATOS

DEURES:1 hora de cocció: 20 minuts de cocció: 1 hora de repòs: 10 minuts Rendiment: 4 porcions

ÉS UN BON MENJAR RECONFORTANT ANTICAMB UN TOC MODERN. LA SALSA DE VI NEGRE APORTA SABOR A LA CARN ROSTIDA, MENTRE QUE LES BLEDES D'ALL I EL PURE DE MONIATOS AMB CREMA D'ANACARD I OLI DE COCO AFEGEIXEN UN VALOR NUTRICIONAL INCREÏBLE.

2 cullerades d'oli d'oliva
1 tassa de bolets cremini picats finament
½ tassa de ceba vermella picada finament (1 mitjana)
½ tassa d'api picat finament (1 tija)
⅓ tassa de pastanagues picades finament (1 petita)
½ poma petita, sense el cor, pelada i tallada
2 grans d'all picats
½ culleradeta d'espècies mediterrànies (vegeu_recepta_)
1 ou gran, lleugerament batut
1 cullerada de sàlvia fresca tallada a tires
1 cullerada de farigola fresca, tallada a tires
Bisont mòlt de 8 oz
8 unces de xai o vedella mòlta
¾ tassa de vi negre sec
1 escalunya mitjana, picada finament
¾ tassa de brou d'os de vedella (vegeu_recepta_) o brou de vedella sense sal
puré de moniato (vegeu_recepta_, d'acord amb)
Mangolds amb all (vegeu_recepta_, d'acord amb)

1. Preescalfeu el forn a 350 ° F. Escalfeu l'oli en una paella gran a foc mitjà. Afegiu-hi els bolets, la ceba, l'api i les pastanagues; coure i remeneu uns 5 minuts o fins que les verdures estiguin tendres. Reduïu el foc a baix; afegir la poma ratllada i l'all. Coure, tapat, uns 5 minuts o fins que les verdures estiguin ben tendres. Retirar del foc; afegir espècies mediterrànies.

2. Amb una cullera ranurada, aboqueu la barreja de bolets en un bol gran, deixant el greix a la paella. Bateu l'ou, la sàlvia i la farigola. Afegiu el bisó mòlt i el xai mòlt; barrejar lleugerament. Col·loqueu la barreja de carn en un 2 qt. forma rectangular de cocció; forma un rectangle de 7 × 4 polzades. Coure al forn durant aproximadament 1 hora o fins que un termòmetre registri 155 ° F. Deixeu reposar 10 minuts. Traieu amb cura el pastís de carn i poseu-lo en un plat de servir. Cobrir i mantenir calent.

3. Per a la salsa de paella, descarteu el greix i els trossos marrons cruixents de la safata al forn al greix de la paella. Afegiu el vi i les escalunyes. Porteu a ebullició a foc mitjà; coure fins que es redueixi a la meitat. Afegiu brou d'os de vedella; coure i remeneu fins que es redueixi a la meitat. Retireu la paella del foc.

4. Per servir, divideix el puré de moniato entre quatre plats de servir; damunt amb bledes d'all. Un tros de carn; Col·loqueu les rodanxes a sobre de les bledes alls i ruixeu-les amb la salsa de paella.

Puré de moniatos: peleu i talleu 4 moniatos mitjans. Coure les patates en una olla gran d'aigua bullint per cobrir-les durant 15 minuts o fins que estiguin tendres; drenar Triturar amb un puré de patates. Afegiu ½ tassa de crema d'anacard (vegeu<u>recepta</u>) i 2 cullerades d'oli de coco sense refinar; barreja fins que estigui suau. Mantingueu-vos calent.

All bledes: Traieu les tiges de 2 raïms de bledes i tireu-les. Talleu les fulles a trossos grans. Escalfeu 2 cullerades d'oli d'oliva en una paella gran a foc mitjà. Afegiu-hi bledes i 2 grans d'all picats; Cuini fins que les bledes estiguin tendres, tirant-les de tant en tant.

MANDONGUILLES DE BISONT PINTADES AMB POMES I GROSELLES AMB PAPPARDELLE DE CARBASSO

DEURES: Enfornar durant 25 minuts: coure durant 15 minuts: 18 minuts Rendiment: 4 porcions

LES MANDONGUILLES QUEDARAN MOLT MULLADESCOM ELS DONEU FORMA. PER EVITAR QUE LA BARREJA DE CARN S'ENGANXI A LES MANS, TINGUEU A MA UN BOL D'AIGUA FREDA I MULLEU-VOS LES MANS DE TANT EN TANT MENTRE TREBALLEU. CANVIEU L'AIGUA DIVERSES VEGADES MENTRE PREPAREU LES MANDONGUILLES.

MANDONGUILLES
- Oli d'oliva
- ½ tassa de ceba vermella picada gruixuda
- 2 grans d'all picats
- 1 ou, lleugerament batut
- ½ tassa de xampinyons i tiges ben picades
- 2 cullerades de julivert italià fresc picat (de fulla plana).
- 2 culleradetes d'oli d'oliva
- 1 lliura de bisont mòlt (molt gruixut si està disponible)

SALSA DE POMA I GROSELLA
- 2 cullerades d'oli d'oliva
- 2 pomes Granny Smith grans, pelades, pelades i tallades finament
- 2 escalunyes picades
- 2 cullerades de suc de llimona fresc
- ½ tassa de brou d'os de pollastre (vegeu<u>recepta</u>) o brou de pollastre sense sal
- 2-3 cullerades de groselles seques

PAPPARDELLE DE CARBASSO

6 carbassons
2 cullerades d'oli d'oliva
¼ tassa d'all picat finament
½ culleradeta de pebre vermell mòlt
2 grans d'all picats

1. Per a les mandonguilles, preescalfeu el forn a 375 ° F. Aboqueu lleugerament una safata de forn amb vores amb oli d'oliva; posposar Barregeu la ceba i l'all en un processador d'aliments o batedora. Premeu fins que estigui suau. Transferiu la barreja de ceba a un bol mitjà. Afegiu l'ou, els bolets, el julivert i 2 culleradetes d'oli; remenar per combinar. Afegiu el bisó mòlt; barrejar lleugerament però a fons. Dividiu la barreja de carn en 16 parts; formar mandonguilles. Col·loqueu les mandonguilles de manera uniforme a la safata de forn preparada. Coure durant 15 minuts; posposar

2. Per a la salsa, escalfeu 2 cullerades d'oli en una paella a foc mitjà. Afegiu pomes i escalunyes; coure i remeneu durant 6-8 minuts o fins que estigui ben tendre. Afegiu suc de llimona. Transferiu la barreja a un processador d'aliments o batedora. Cobrir i processar o barrejar fins que estigui suau; tornar a la paella. Aboqueu-hi el brou d'os de pollastre i les groselles. Porteu a ebullició; reduir la calor. Cuini a foc lent, sense tapar, durant 8-10 minuts, remenant sovint. Afegiu les mandonguilles; coure i remeneu a foc lent fins que s'escalfi.

3. Mentrestant, talleu les puntes del carbassó per a les pappardelle. Utilitzeu una mandolina molt afilada o un pelador de verdures per afaitar el carbassó en tires

fines. (Per mantenir les cintes intactes, deixeu d'afaitar quan arribeu a les llavors al centre de la carbassa.) Escalfeu 2 cullerades d'oli en una paella extragran a foc mitjà. Afegiu-hi la ceba, el pebrot vermell picat i l'all; coure i remeneu durant 30 segons. Afegiu-hi les tires de carbassó. Cuini i remeneu suaument durant uns 3 minuts o fins que estiguin tendres.

4. Per servir, dividim les pappardelle entre quatre plats de servir; a sobre amb mandonguilles i salsa de poma i grosella.

BISON PORCINI BOLONYESA AMB CARBASSA ESPAGUETIS D'ALL ROSTIT

DEURES: Cocció durant 30 minuts: 1 hora Cocció durant 30 minuts: 35 minuts Rendiment: 6 porcions

SI PENSES QUE HAS MENJAT AQUELL DARRER PLAT D'ESPAGUETIS AMB SALSA DE CARN, QUAN HAGIS ESCOLLIT LA PALEO DIET®, PENSA-HO DE NOU. AQUEST RIC FORMATGE BOLONYA AROMATITZAT AMB ALL, VI NEGRE I BOLETS TERROSOS ESTA FARCIT DE DOLÇOS I APETITOSOS FILS DE CARBASSA ESPAGUETIS. SEGUR QUE NO HI FALTARÀ PASTA.

- 1 unça de bolets secs
- 1 tassa d'aigua bullint
- 3 cullerades d'oli d'oliva verge extra
- 1 lliura de bisont mòlt
- 1 tassa de pastanagues picades finament (2)
- ½ tassa de ceba picada (1 mitjana)
- ½ tassa d'api picat finament (1 tija)
- 4 grans d'all, picats
- 3 cullerades de pasta de tomàquet sense sal
- ½ tassa de vi negre
- 2 llaunes de 15 unces de tomàquets picats sense sal
- 1 culleradeta d'orenga seca, picada
- 1 culleradeta de farigola seca, mòlta
- ½ culleradeta de pebre negre
- 1 carabassa espaguetis mitjana (de 2,5 a 3 lliures)
- 1 bulb d'all

1. Combina els bolets de porc i l'aigua bullint en un bol petit; deixar reposar 15 minuts. Colar a través d'un colador folrat amb una gasa de cotó 100%, reservant el líquid de remull. Picar els bolets; deixar de banda

2. Escalfeu 1 cullerada d'oli d'oliva en una cassola de 4 a 5 quarts a foc mitjà. Afegiu el bisó mòlt, les pastanagues, la ceba, l'api i l'all. Cuini fins que la carn estigui daurada i les verdures estiguin tendres, remenant amb una cullera de fusta per trencar la carn. Afegiu la pasta de tomàquet; coure i remeneu durant 1 minut. Afegiu-hi vi negre; coure i remeneu durant 1 minut. Afegiu-hi els bolets de porc, els tomàquets, l'orenga, la farigola i el pebre. Afegiu el líquid de bolets reservat, tenint cura de no afegir sorra ni gra al fons del bol. Porta a ebullició, remenant de tant en tant; reduir la calor a baix. Cuini a foc lent, tapat, durant 1½ a 2 hores o fins que la consistència desitjada.

3. Mentrestant, preescalfeu el forn a 375 ° F. Talleu la carbassa per la meitat longitudinalment; treure les llavors. Col·loqueu les meitats de carbassa, amb el costat tallat cap avall, en una safata gran per al forn. Punxeu tota la pell amb una forquilla. Talleu ½ polzada de la part superior del cap d'all. Col·loqueu els alls, tallats cap amunt, a la safata amb la carbassa. Regar amb la cullerada d'oli d'oliva restant. Rostir durant 35-45 minuts o fins que la carbassa i els alls estiguin tendres.

4. Utilitzeu una cullera i una forquilla per treure i aixafar la carn de cada costat de la carbassa; transferir a un bol i tapar per mantenir-lo calent. Quan l'all estigui prou fred

per manipular-lo, premeu el bulb des de la part inferior per treure els grans. Tritureu els grans d'all amb una forquilla. Incorporeu els alls picats a la carbassa, repartint els alls uniformement. Per servir, aboqueu la salsa sobre la barreja de carbassa.

BISON CHILI CON CARNE

DEURES:25 minuts Temps de cocció: 1 hora 10 minuts
Rendiment: 4 porcions

XOCOLATA, CAFÈ I CANYELLA SENSE SUCREAFEGIR INTERÈS A AQUEST FAVORIT. PER OBTENIR UN SABOR FUMAT UNIFORME, SUBSTITUÏU EL PEBRE VERMELL NORMAL PER 1 CULLERADA DE PEBRE VERMELL FUMAT DOLÇ.

- 3 cullerades d'oli d'oliva verge extra
- 1 lliura de bisont mòlt
- ½ tassa de ceba picada (1 mitjana)
- 2 grans d'all picats
- 2 llaunes de 14,5 unces de tomàquet a daus sense sal, sense escórrer
- 1 llauna de 6 unces de pasta de tomàquet sense sal
- 1 tassa de brou d'os de vedella (vegeu<u>recepta</u>) o brou de vedella sense sal
- ½ tassa de cafè fort
- Barra de cocció de cacau al 99% de 2 oz, triturada
- 1 cullerada de pebre vermell
- 1 culleradeta de comí mòlt
- 1 culleradeta d'orenga seca
- 1½ culleradetes d'espècies fumades (vegeu<u>recepta</u>)
- ½ culleradeta de canyella mòlta
- ⅓ tassa de pepitas
- 1 culleradeta d'oli d'oliva
- ½ tassa de crema d'anacard (vegeu<u>recepta</u>)
- 1 culleradeta de suc de llimona fresc
- ½ tassa de fulles de coriandre fresc

4 rodanxes de llima

1. Escalfeu 3 cullerades d'oli d'oliva en una cassola a foc mitjà. Afegiu-hi el bisó mòlt, la ceba i l'all; coure uns 5 minuts o fins que la carn estigui daurada, remenant amb una cullera de fusta per trencar la carn. Afegiu-hi els tomàquets secs, la pasta de tomàquet, el brou d'os de vedella, el cafè, la xocolata per coure, el pebre vermell, el comí, l'orenga, 1 culleradeta de pebre de Jamaica i la canyella. Porteu a ebullició; reduir la calor. Cuini a foc lent, tapat, durant 1 hora, remenant de tant en tant.

2. Mentrestant, en una paella petita a foc mitjà, torra les pepitas amb 1 culleradeta d'oli d'oliva fins que comencin a esclatar i daurar. Col·loqueu les llavors de carbassa en un bol petit; afegir ½ culleradeta restant d'espècies fumades; tirar la tovallola.

3. En un bol petit, barregeu la crema d'anacard i el suc de llima.

4. A l'hora de servir, poseu el xlli en bols. Damunt amb crema d'anacard, pepitas i coriandre. Serviu-ho amb rodanxes de llima.

FILETS DE BISONT ESPECIATS MARROQUINS AMB LLIMONES A LA PLANXA

DEURES:A la planxa durant 10 minuts: 10 minuts Rendiment: 4 porcions

SERVIU AQUESTS FILETS RAPIDSAMB AMANIDA DE PASTANAGA FRESCA I CRUIXENT AMB ESPECIES (VEGEURECEPTA). SI TENIU GANES D'UNA DELÍCIA, PINYA A LA PLANXA AMB CREMA DE COCO (VEGEURECEPTA) SERIA UNA BONA MANERA D'ACABAR L'ÀPAT.

- 2 cullerades de canyella mòlta
- 2 cullerades de pebre vermell
- 1 cullerada d'all en pols
- ¼ culleradeta de pebre de caiena
- 4 filets de bisont de 6 unces, tallats de ¾ a 1 polzada de gruix
- 2 llimones, tallades per la meitat horitzontalment

1. En un bol petit, combineu la canyella, el pebre vermell, l'all en pols i el pebre de caiena. Assecar els filets amb tovalloles de paper. Fregueu els dos costats del filet amb la barreja d'espècies.

2. Per a les graelles de carbó o gas, poseu les graelles directament a foc mitjà. Tapeu i graella durant 10 a 12 minuts per mitjà (145 °F) o de 12 a 15 minuts per mitjà (155 °F), girant una vegada a la meitat de la cocció. Mentrestant, poseu les meitats de llimona, amb el costat tallat cap avall, a la graella. Grill durant 2-3

minuts o fins que estigui lleugerament carbonitzat i sucosa.

3. Serviu amb meitats de llimona a la planxa per esprémer sobre els filets.

FILET DE BISONT FREGAT AMB HERBES DE LA PROVENÇA

DEURES:15 minuts de cocció: 15 minuts de cocció: 1 hora 15 minuts de descans: 15 minuts Rendiment: 4 racions

HERBES DE PROVENCE ES UNA BARREJAHERBES SEQUES QUE CREIXEN EN ABUNDANCIA AL SUD DE FRANÇA. LA BARREJA SOL CONTENIR UNA COMBINACIÓ D'ALFÀBREGA, LLAVORS DE FONOLL, ESPÍGOL, MARDUIX, ROMANÍ, SÀLVIA, SALAT I FARIGOLA. AFEGEIX UN SABOR MERAVELLOS A AQUEST BISTEC TAN AMERICA.

- 1 llom de bisó rostit de 3 lliures
- 3 cullerades d'herbes de Provença
- 4 cullerades d'oli d'oliva verge extra
- 3 grans d'all picats
- 4 xirivias petites, pelades i tallades
- 2 peres madures, pelades i tallades
- ½ tassa de nèctar de pera sense sucre
- 1-2 culleradetes de farigola fresca

1. Preescalfeu el forn a 375 ° F. Retalleu el greix del bistec. En un bol petit, combineu les Herbes de Provence, 2 cullerades d'oli d'oliva i l'all; fregueu tot el bistec.

2. Col·loqueu el bistec a la graella en una safata poc profunda. Introduïu un termòmetre de forn al centre de la safata. * Coure al forn descobert durant 15 minuts. Reduïu la temperatura del forn a 300 ° F. Rostir durant 60 a 65 minuts addicionals o fins que un termòmetre de

carn registri 140 ° F (mitjanament rar). Cobrir amb paper d'alumini i deixar reposar 15 minuts.

3. Mentrestant, escalfeu les 2 cullerades d'oli d'oliva restants en una paella gran a foc mitjà. Afegiu-hi la xirivia i les peres; Cuini 10 minuts o fins que les xirivias estiguin cruixents i tendres, remenant de tant en tant. Afegiu nèctar de pera; coure uns 5 minuts o fins que la salsa espesseixi una mica. Espolvorear amb farigola.

4. Talleu el filet a rodanxes fines al llarg del gra. Serviu la carn amb xirivia i peres.

*Consell: el bisont és molt magre i es cuina més ràpid que la vedella. A més, el color de la carn és més vermell que la carn de vedella, de manera que no podeu confiar en una indicació visual per determinar la cocció. Necessitaràs un termòmetre de carn per saber quan està feta la carn. Un termòmetre de forn és ideal, encara que no és necessari.

COSTELLES DE BISONTE ESTOFADES AMB CAFÈ AMB GREMOLATA DE MANDARINA I PURÉ D'ARREL D'API

DEURES:Temps de cocció: 15 minuts: 2 hores 45 minuts
Rendiment: 6 racions

LES COSTELLES DE BISO SON GRANS I CARNOSES.S'HAN DE BULLIR EN LIQUID DURANT MOLT DE TEMPS PER ESTOVAR-LOS. LA GREMOLATA, FETA AMB PELL DE MANDARINA, ANIMA EL SABOR D'AQUEST PLAT ABUNDANT.

MARINADA
- 2 tasses d'aigua
- 3 tasses de cafè fort i fred
- 2 tasses de suc de mandarina fresc
- 2 cullerades de romaní fresc tallat a tires
- 1 culleradeta de pebre negre mòlt gruixut
- 4 lliures de costelles de bisó, tallades entre les costelles per separar-les

GUISAR
- 2 cullerades d'oli d'oliva
- 1 culleradeta de pebre negre
- 2 tasses de ceba picada
- ½ tassa d'escalunyes picades
- 6 grans d'all picats
- 1 pebrot jalapeño, sense pinyol i picat (vegeu inclinació)
- 1 tassa de cafè fort
- 1 tassa de brou d'os de vedella (vegeu recepta) o brou de vedella sense sal
- ¼ tassa de salsa de tomàquet Paleo (vegeu recepta)

2 cullerades de mostassa a l'estil de Dijon (vegeu<u>recepta</u>)
3 cullerades de vinagre de sidra
Puré d'arrel d'api (vegeu<u>recepta</u>, d'acord amb)
Mandarin Gremolata (vegeu<u>recepta</u>, Llei)

1. Per a la marinada, combina l'aigua, el cafè fred, el suc de mandarina, el romaní i el pebre negre en un recipient gran no reactiu (vidre o acer inoxidable). Afegiu-hi les costelles. Si cal, poseu un plat sobre les costelles per submergir-les. Tapeu i refrigereu durant 4-6 hores, remeneu i remeneu una vegada.

2. Per estofar, preescalfeu el forn a 325 ° F. Escorreu les costelles, descarteu la marinada. Assecar les costelles amb tovalloles de paper. En un forn holandès gran, escalfeu l'oli d'oliva a foc mitjà-alt. Amaniu les costelles amb pebre negre. Cuini les costelles per lots fins que estiguin daurades per tots els costats, uns 5 minuts. Transferir a un plat gran.

3. Afegiu les cebes, les escalunyes, l'all i el jalapeño a l'olla. Reduïu el foc a mitjà, tapeu i cuini fins que les verdures estiguin tendres, remenant de tant en tant, uns 10 minuts. Afegiu el cafè i el brou; remenar, rascant els trossos daurats. Afegiu el ketchup Paleo, la mostassa a l'estil de Dijon i el vinagre. Porta a ebullició. Afegiu-hi les costelles. Tapar i transferir al forn. Cuini fins que la carn estigui tendra, unes 2 hores i 15 minuts, remenant suaument i reposicionant les costelles una o dues vegades.

4. Transfereix les costelles a un plat; tenda amb paper d'alumini per mantenir-se calent. Amb una cullera,

retireu el greix de la superfície de la salsa. Bullir la salsa fins que es redueixi a 2 tasses, uns 5 minuts. Reparteix el puré d'arrel d'api entre 6 plats; a sobre amb costelles i salsa. Espolvorear amb Gremolata de mandarina.

Puré d'arrel d'api: en una olla gran, combineu 3 lliures d'arrel d'api, pelades i tallades a trossos d'1 polzada, i 4 tasses de brou d'ossos de pollastre (vegeu<u>recepta</u>) o brou de pollastre sense sal. Porteu a ebullició; reduir la calor. Escorreu l'arrel d'api, deixant el brou. Torneu l'arrel d'api a l'olla. Afegiu 1 cullerada d'oli d'oliva i 2 culleradetes de farigola fresca picada. Tritureu l'arrel d'api amb un puré de patates, afegiu-hi el brou reservat, unes quantes cullerades a la vegada per aconseguir la consistència desitjada.

Gremolata de mandarina: en un bol petit, combineu ½ tassa de julivert fresc picat, 2 cullerades de pell de mandarina ratllada finament i 2 grans d'all picats.

BROU D'OS DE VEDELLA

DEURES:25 minuts rostit: 1 hora Enfornar: 8 hores Rendiment: 8-10 tasses

DE LES CUES DE BOU OSSIES S'OBTE UN BROU DE SABOR EXTREMADAMENT RICQUE ES POT UTILITZAR EN QUALSEVOL RECEPTA QUE REQUEREIXI BROU DE VEDELLA O SIMPLEMENT GAUDIR COM A TASSA A QUALSEVOL HORA DEL DIA. MENTRE QUE ABANS PROVENIEN D'UN BOU, ARA LES CUES DE BOU PROVENEN D'UN ANIMAL DE CARN.

- 5 pastanagues, picades
- 5 tiges d'api, picades gruixudes
- 2 cebes grogues, sense pelar, a la meitat
- 8 unces de bolets porcini
- 1 bulb d'all, sense pelar, tallat a la meitat
- 2 lliures de cua de bou o ossos de vedella
- 2 tomàquets
- 12 tasses d'aigua freda
- 3 fulles de llorer

1. Preescalfeu el forn a 400 ° F. Col·loqueu les pastanagues, l'api, les cebes, els bolets i l'all en una safata de forn gran o una safata poc profunda; posar els ossos a sobre de les verdures. Processa els tomàquets en un processador d'aliments fins que quedi suau. Repartiu els tomàquets sobre els ossos per cobrir (està bé si una mica del puré degota a la paella i les verdures). Grill durant 1 a 1,5 hores o fins que els ossos estiguin daurats i les verdures caramel·litzades.

Transferiu els ossos i les verdures a una olla de 10 a 12 quarts o al forn holandès. (Si una mica de la barreja de tomàquet es caramelitza al fons de la paella, afegiu 1 tassa d'aigua calenta a la paella i escorreu-ne els trossos. Aboqueu el líquid sobre els ossos i les verdures i reduïu l'aigua en 1 tassa.).

2. Porteu la barreja a ebullició lent a foc mitjà-alt. Reduir el foc; tapar i coure el brou durant 8-10 hores, remenant de tant en tant.

3. Colar el brou; descartar ossos i verdures. brou fresc; transferir el brou a recipients d'emmagatzematge i guardar a la nevera fins a 5 dies; congelar fins a 3 mesos. *

Instruccions de cuina lenta: en una cuina lenta de 6 a 8 quarts, utilitzeu 1 lliura d'ossos de vedella, 3 pastanagues, 3 tiges d'api, 1 ceba groga i 1 bulb d'all. Tritureu 1 tomàquet i tritureu-hi els ossos. A la graella tal com s'indica, després transferiu els ossos i les verdures a la cuina lenta. Peleu tots els tomàquets caramel·litzats segons les instruccions i afegiu-los a la cuina lenta. Afegiu-hi prou aigua per cobrir. Tapar i coure a foc fort fins que el brou comenci a bullir, unes 4 hores. Reduir a foc lent; coure durant 12 a 24 hores. Colar el brou; descartar ossos i verdures. Emmagatzemar segons les instruccions.

*Consell: per treure fàcilment el greix del brou, guardeu-lo en un recipient tapat a la nevera durant la nit. El greix pujarà a la part superior i formarà una capa sòlida que es pot treure fàcilment. El brou es pot espessir a mesura que es refreda.

ESPATLLA DE PORC ESPECIADA TUNISIANA AMB PATATES FREGIDES PICANTS

DEURES:Torrat 25 minuts: Cocció 4 hores: 30 minuts
Rendiment: 4 porcions

AQUEST ES UN PLAT FANTASTIC PER CUINAREN UN DIA FRESC DE TARDOR. LA CARN ES CUINA AL FORN DURANT HORES, DEIXANT LA VOSTRA LLAR AMB UNA OLOR INCREÏBLE I DONANT-VOS TEMPS PER FER ALTRES COSES. LES PATATES FREGIDES DE MONIATO AL FORN NO TENEN EL MATEIX ATRACTIU QUE LES PATATES BLANQUES, PERO SON DELICIOSES A LA SEVA MANERA, SOBRETOT QUAN ES SUBMERGEIXEN AMB MAIONESA D'ALL.

PORC
- 1 bistec d'espatlla de porc amb os de 2½-3 lliures
- 2 culleradetes de chiles ancho mòlts
- 2 culleradetes de comí mòlt
- 1 culleradeta de llavors de comí, lleugerament triturades
- 1 culleradeta de coriandre mòlt
- ½ culleradeta de cúrcuma mòlta
- ¼ de culleradeta de canyella mòlta
- 3 cullerades d'oli d'oliva

PATATES FREGIDES
- 4 moniatos mitjans (aproximadament 2 lliures), pelats i tallats a rodanxes de ½ polzada de gruix
- ½ culleradeta de pebre vermell mòlt
- ½ culleradeta de ceba en pols

½ culleradeta d'all en pols
Oli d'oliva
1 ceba, picada finament
Paleo Aïoli (maionesa d'all) (vegeu<u>recepta</u>)

1. Preescalfeu el forn a 300 ° F. Retalleu el greix de la carn. En un bol petit, combineu el xile mòlt, el comí mòlt, el comí, el coriandre, la cúrcuma i la canyella. Espolvorear la carn amb la barreja d'espècies; Frega la carn de manera uniforme amb els dits.

2. Escalfeu 1 cullerada d'oli d'oliva en una olla apta per al forn de 5 a 6 quarts a foc mitjà-alt. Fregiu la carn de porc per tots els costats en oli calent. Tapeu i cuini durant unes 4 hores, o fins que estigui ben tendre i un termòmetre de carn registri 190 ° F. Traieu el forn holandès del forn. Deixeu reposar, tapat, mentre prepareu les patates fregides i les cebes, reservant 1 cullerada de greix al forn holandès.

3. Augmenteu la temperatura del forn a 400 ° F. Per coure patates, combineu els moniatos, les 2 cullerades d'oli d'oliva restants, el pebrot vermell triturat, la ceba en pols i l'all en pols en un bol gran; tirar la tovallola. Folreu una safata de forn gran o dues petites amb paper d'alumini; pinzellar amb oli d'oliva extra. Col·loqueu els moniatos en una sola capa sobre les làmines de forn preparades. Coure al forn uns 30 minuts o fins que estiguin tendres, girant els moniatos a la meitat.

4. Mentrestant, traieu la carn del forn holandès; Cobrir amb paper d'alumini per mantenir-lo calent. Escorreu el greix, reservant 1 cullerada de greix. Torneu el greix

reservat al forn holandès. Afegiu la ceba; coure a foc mitjà uns 5 minuts o fins que estigui tendre, remenant de tant en tant.

5. Transferiu la carn de porc i la ceba a un plat de servir. Amb dues forquilles, talleu la carn de porc a trossos grans. Serviu el porc tirat i les patates fregides amb Paleo Aïoli.

ESPATLLA DE PORC CUBANA A LA GRAELLA

DEURES: 15 minuts Marinat: 24 hores A la planxa: 2 hores 30 minuts Repòs: 10 minuts Rendiment: 6-8 porcions

CONEGUT COM "LECHON ASADO" AL SEU PAIS D'ORIGEN, AQUEST ROSTIT DE PORC ESTA MARINAT AMB UNA COMBINACIO DE SUC DE CITRICS FRESC, ESPECIES, PEBROT VERMELL TRITURAT I UN GRA D'ALL SENCER PICAT. A LA PLANXA SOBRE BRASES CALENTS I REMULLAT DURANT LA NIT A L'ADOB LI DONA UN SABOR MERAVELLOS.

1 bulb d'all, els grans separats, pelats i picats
1 tassa de ceba picada gruixuda
1 tassa d'oli d'oliva
1⅓ tassa de suc de llimona fresc
⅔ tassa de suc de taronja fresc
1 cullerada de comí mòlt
1 cullerada d'orenga seca, picada
2 culleradetes de pebre negre recent mòlt
1 culleradeta de pebre vermell mòlt
Espatlla de porc rostida desossada de 14-5 lliures

1. Per a l'adob, separem els caps d'all en grans. Peleu i piqueu els claus; posar en un bol gran. Afegiu les cebes, l'oli d'oliva, el suc de llima, el suc de taronja, el comí, l'orenga, el pebre negre i el pebre vermell mòlt. Barrejar bé i reservar.

2. Amb un ganivet desossar, perforar el rostit de porc profundament per tots els costats. Baixeu amb cura el filet a la marinada, submergint-lo tant com sigui possible

en el líquid. Cobriu el bol amb un embolcall de plàstic. Marinar a la nevera durant 24 hores, girant una vegada.

3. Retireu la carn de porc de la marinada. Aboqueu la marinada en una cassola mitjana. Porteu a ebullició; coure durant 5 minuts. Retirar del foc i refredar. Posposar.

4. Per a la brasa de carbó, col·loqueu el carbó al voltant de la paella degoteig a foc mitjà. Proveu-ho a foc mitjà en una paella. Col·loqueu la carn a la planxa a la safata per al forn. Tapa i grill durant 2½ a 3 hores, o fins que un termòmetre de lectura instantània inserit al centre del rostit registri 140 ° F. (Si utilitzeu una graella de gas, preescalfeu la graella. Reduïu el foc a mitjà. Poseu-la a cuinar, col·loqueu la carn a la graella. Cremador sense encendre. Tapeu-la i a la graella tal com s'indica.) Traieu la carn de la graella. Cobriu amb paper d'alumini i deixeu reposar durant 10 minuts abans de tallar-lo o descartar-lo.

PORC ROSTIT ITALIÀ ESPECIAT AMB VERDURES

DEURES:20 minuts de cocció: 2 hores 25 minuts de repòs: 10 minuts Rendiment: 8 porcions

"FRES ES EL MILLOR" ES UN BON MANTRAA SEGUIR QUAN NORMALMENT CAL CUINAR. NO OBSTANT AIXO, LES HERBES SEQUES SON EXCEL·LENTS COM A UNTAR A LA CARN. A MESURA QUE LES HERBES S'ASSEQUEN, ELS SEUS SABORS ES CONCENTREN MES. QUAN ENTREN EN CONTACTE AMB LA HUMITAT DE LA CARN, ALLIBEREN EL SEU SABOR A LA CARN, COM UN BISTEC A L'ITALIA CONDIMENTAT AMB JULIVERT, FONOLL, ORENGA, ALL I PEBROT VERMELL PICANT.

- 2 cullerades de julivert sec, picat
- 2 cullerades de llavors de fonoll, picades
- 4 culleradetes d'orenga seca, picada
- 1 culleradeta de pebre negre recent mòlt
- ½ culleradeta de pebre vermell mòlt
- 4 grans d'all, picats
- 1 espatlla de porc amb os de 4 lliures
- 1-2 cullerades d'oli d'oliva
- 1¼ tasses d'aigua
- 2 cebes mitjanes, pelades i tallades a rodanxes
- 1 bulb de fonoll gran, tallat, sense cor i tallat a rodanxes
- 2 lliures de cols de Brussel·les

1. Preescalfeu el forn a 325 ° F. En un bol petit, combineu el julivert, les llavors de fonoll, l'orenga, el pebre negre, el pebre vermell picat i l'all; posposar Si cal, deslligueu el rostit de porc. Retalleu el greix de la carn. Frega la carn

per tots els costats amb la barreja d'espècies. Si ho desitja, torneu a fregir per mantenir-los junts.

2. Escalfeu l'oli en un forn holandès a foc mitjà-alt. Fregiu la carn per tots els costats en oli calent. Escorreu el greix. Aboqueu aigua al forn holandès al voltant del bistec. Rostir sense tapar durant 1,5 hores. Col·loqueu les cebes i el fonoll al voltant del rostit de porc. Cobrir i coure durant 30 minuts més.

3. Mentrestant, talleu les tiges de les cols de Brussel·les i traieu les fulles exteriors marcides. Talleu les cols de Brussel·les per la meitat. Col·loqueu les cols de Brussel·les al forn holandès, col·loqueu-les per sobre d'altres verdures. Tapeu i grill durant 30-35 minuts més, o fins que les verdures i la carn estiguin tendres. Transferiu la carn a un plat de servir i cobreixi amb paper d'alumini. Deixeu reposar 15 minuts abans de tallar. Pinteu les verdures amb el suc de la paella. Amb una cullera ranurada, poseu les verdures en un plat o bol de servir; cobrir per mantenir-se calent.

4. Traieu el greix dels sucs de la paella amb una cullera gran. Aboqueu el suc restant per un colador. Tallar la carn de porc, treure l'os. Serviu la carn amb verdures i sucs de paella.

MOLE DE PORC DE CUINA LENTA

DEURES:20 minuts de cocció lenta: de 8 a 10 hores (petita) o de 4 a 5 hores (gran) Rendiment: 8 porcions

AMB COMÍ, CORIANDRE, ORENGA, TOMÀQUETS, AMETLLES, PANSES, BITXO I XOCOLATA,AQUESTA SALSA RICA I PICANT FA UN LLARG CAMÍ, EN EL BON SENTIT. ÉS UN ALIMENT IDEAL PER COMENÇAR EL MATI ABANS DE COMENÇAR EL DIA. QUAN ARRIBEU A CASA, EL SOPAR ESTÀ GAIREBÉ A PUNT I LA VOSTRA CASA FA UNA OLOR INCREÏBLE.

- 1 espatlla de porc rostida desossada de 3 lliures
- 1 tassa de ceba picada gruixuda
- 3 grans d'all, picats
- 1½ tasses de brou d'os de vedella (vegeu<u>recepta</u>), brou d'os de pollastre (vegeu<u>recepta</u>), o sense sal, brou de pollastre o vedella
- 1 cullerada de comí mòlt
- 1 cullerada de coriandre mòlt
- 2 culleradetes d'orenga seca, picada
- 1 llauna de 15 oz de tomàquets a daus sense sal, escorreguts
- No es pot afegir pasta de tomàquet salada a 1 6 oz
- ½ tassa d'ametlles tallades, torrades (vegeu<u>inclinació</u>)
- ¼ tassa de panses sense sulfurar o groselles daurades
- 2 unces de xocolata sense sucre (com les barres de cacau Scharffen Berger 99%), picada gruixuda
- 1 ànec sec o xile chipotle
- 2 branques de canyella de 4 polzades
- ¼ tassa de coriandre fresc, picat

1 alvocat, pelat, sense pinyol i tallat a rodanxes fines
1 llima, tallada a rodanxes
⅓ tassa de llavors de carbassa crues rostides sense sal (opcional) (vegeu<u>inclinació</u>)

1. Retalleu el greix del rostit de porc. Si cal, talleu la carn perquè quedi en una olla de cocció lenta de 5 a 6 quarts; posposar

2. Barregeu la ceba i l'all en una olla de cocció lenta. En una tassa de mesura de vidre de 2 tasses, combineu el brou d'os de vedella, el comí, el coriandre i l'orenga; abocar en una olla. Afegiu-hi els tomàquets tallats a daus, la pasta de tomàquet, les ametlles, les panses, la xocolata, el xile sec i les branques de canyella. Poseu la carn a l'olla. Aboqueu una mica de la barreja de tomàquet per sobre. Tapa i cuini a foc baix durant 8-10 hores o a foc alt durant 4-5 hores o fins que la carn de porc estigui tendra.

3. Transferiu la carn de porc a una taula de tallar; refredar lleugerament. Amb dues forquilles, trencar la carn a trossos. Cobrir la carn amb paper d'alumini i reservar.

4. Retireu i llenceu els xiles secs i les branques de canyella. Utilitzeu una cullera gran per eliminar el greix de la barreja de tomàquet. Transferiu la barreja de tomàquet a una batedora o processador d'aliments. Cobrir i barrejar o processar fins que estigui gairebé suau. Torneu la carn de porc i la salsa a la cuina lenta. Mantenir calent a foc lent fins a servir, fins a 2 hores.

5. Afegiu coriandre abans de servir. Serviu els moles en bols i guarniu-los amb rodanxes d'alvocat, rodanxes de llima i, si voleu, llavors de carbassa.

ESTOFAT DE PORC I CARBASSA AMB COMÍ

DEURES:30 minuts de cocció: 1 hora Rendiment: 4 racions

VERDURES DE MOSTASSA AMB PEBRE I MOSTASSA DE CARBASSAAFEGEIX UN COLOR VIBRANT I MOLTES VITAMINES, FIBRA I ACID FOLIC A AQUEST GUISAT AMB GUST D'EUROPA DE L'EST.

- 1 espatlla de porc rostida de 1¼-1½ lliura
- 1 cullerada de pebre vermell
- 1 cullerada de comí, ben mòlt
- 2 culleradetes de mostassa seca
- ¼ culleradeta de pebre de caiena
- 2 cullerades d'oli de coco refinat
- 8 unces de bolets frescos, a rodanxes fines
- 2 tiges d'api, tallades transversalment en rodanxes d'1 polzada
- 1 ceba vermella petita, tallada a rodanxes fines
- 6 grans d'all picats
- 5 tasses de brou d'os de pollastre (vegeu<u>recepta</u>) o brou de pollastre sense sal
- 2 tasses de carbassa, pelada i tallada a daus
- 3 tasses de verdures de mostassa o de cols picades gruixudes
- 2 cullerades de sàlvia fresca tallada a tires
- ¼ tassa de suc de llimona fresc

1. Talleu el greix de porc. Talleu la carn de porc a daus d'1 ½ polzada; posar en un bol gran. En un bol petit, combineu el pebre vermell, el comí, la mostassa seca i el pebre de caiena. Espolvoreu la carn de porc, remenant-la per cobrir uniformement.

2. Escalfeu oli de coco en una cassola de 4 a 5 quarts a foc mitjà. Afegiu la meitat de la carn; coure fins que estigui daurat, remenant de tant en tant. Retireu la carn de la paella. Repetiu amb la carn restant. Reserveu la carn.

3. Afegiu els bolets, l'api, la ceba vermella i l'all al forn holandès. Coure durant 5 minuts, remenant de tant en tant. Torneu la carn al forn holandès. Aboqueu amb cura el brou d'os de pollastre. Porteu a ebullició; reduir la calor. Tapar i coure a foc lent durant 45 minuts. Afegir carbassa. Tapeu i cuini a foc lent durant 10-15 minuts més o fins que la carn de porc i la carbassa estiguin tendres. Afegiu verdures de mostassa i sàlvia. Coure durant 2-3 minuts o fins que les verdures estiguin tendres. Afegiu suc de llimona.

TOP DE LLOM FARCIT DE FRUITA AMB SALSA DE BRANDI

DEURES:30 minuts de cocció: 10 minuts de cocció: 1 hora i 15 minuts de repòs: 15 minuts Rendiment: 8-10 porcions

AQUEST ROSTIT ELEGANT ES PERFECTEUNA OCASIO ESPECIAL O REUNIO FAMILIAR, SOBRETOT A LA TARDOR. ELS SEUS SABORS (POMES, NOU MOSCADA, FRUITS SECS I FRUITS SECS) REFLECTEIXEN L'ESSENCIA D'AQUELLA TEMPORADA. SERVIU-HO AMB PURÉ DE MONIATOS DE NABIUS I REMOLATXA ROSTIDA (VEGEU<u>RECEPTA</u>).

PER ROSTIR
- 1 cullerada d'oli d'oliva
- 2 tasses de pomes Granny Smith pelades i tallades a daus (unes 2 mitjanes)
- 1 escalunya ben picada
- 1 cullerada de farigola fresca, tallada a tires
- ¾ culleradeta de pebre negre recent mòlt
- ⅛ culleradeta de nou moscada mòlta
- ½ tassa d'albercocs secs sense sulfurar picats
- ¼ tassa de nous picades, torrades (vegeu<u>inclinació</u>)
- 1 tassa de brou d'os de pollastre (vegeu<u>recepta</u>) o brou de pollastre sense sal
- 1 llom de porc rostit de cap de porc desossat de 3 lliures (llom simple)

SALSA DE BRANDI
- 2 cullerades de sidra de poma
- 2 cullerades de brandi
- 1 culleradeta de mostassa a l'estil de Dijon (vegeu<u>recepta</u>)

pebre negre recent mòlt

1. Per al farcit, escalfeu l'oli d'oliva en una paella gran a foc mitjà. Afegiu pomes, escalunyes, farigola, ¼ de culleradeta de pebre i nou moscada; Cuini de 2 a 4 minuts o fins que les pomes i les escalunyes estiguin suaus i lleugerament daurades, remenant de tant en tant. Afegiu-hi els albercocs, les nous i 1 cullerada de brou. Coure, sense tapar, durant 1 minut per suavitzar els albercocs. Retirar del foc i reservar.

2. Preescalfeu el forn a 325 ° F. Talleu el rostit de porc longitudinalment tallant el mig del rostit i tallant ½ polzada de l'altre costat. Esteneu el bistec obert. Introduïu el ganivet al tall en V, apuntant-lo horitzontalment cap a un costat de la V i talleu ½ polzada del costat. Repetiu a l'altre costat de la V. Escampeu el filet i cobriu-lo amb un embolcall de plàstic. Treballant des del centre fins a les vores, piqueu el filet amb un mall de carn fins que tingui uns ¾ de polzada de gruix. Traieu i llenceu l'embolcall de plàstic. Repartiu el farcit per sobre del bistec. Començant pel costat curt, enrotlleu el filet en espiral. Lliga el fil de cuina 100% cotó en diversos llocs per mantenir el rostit unit. Espolvoreu el bistec amb la mitja culleradeta de pebre restant.

3. Col·loqueu el bistec a la graella en una safata poc profunda. Introduïu un termòmetre de forn al centre del bistec (no el farcit). Rostir, descobert, durant 1 hora 15 minuts a 1 hora 30 minuts, o fins que un termòmetre enregistri 145 ° F. Traieu el rostit i cobreixi solt amb

paper d'alumini; deixeu-ho reposar 15 minuts abans de tallar-lo.

4. Mentrestant, per a la salsa de brandy, aboqueu el brou restant i la sidra de poma al greix de la paella, remenant per trencar els trossos daurats. Aboqueu el greix en una cassola mitjana. Porteu a ebullició; coure uns 4 minuts o fins que la salsa s'hagi reduït un terç. Afegiu-hi brandi i mostassa a l'estil de Dijon. Salpebreu amb pebre addicional al gust. Serviu la salsa amb la carn de porc rostida.

PORC ROSTIT A L'ESTIL PORCHETTA

DEURES:15 minuts Marinar: Descansar durant la nit: 40 minuts Torrat: 1 hora Rendiment: 6 porcions

PORCHETTA TRADICIONAL ITALIANA(DE VEGADES S'ESCRIU PORKETTA EN ANGLÈS AMERICÀ) ÉS CARN DE PORC DESOSSADA FARCIDA D'ALL, FONOLL, PEBROT I HERBES COM LA SÀLVIA O EL ROMANÍ, DESPRÉS S'ENFILA I ES CUINA A LA PLANXA SOBRE LLENYA. TAMBÉ SOL SER MOLT SALAT. AQUESTA VERSIÓ PALEO ÉS SIMPLIFICADA I MOLT SABOROSA. SI VOLEU, SUBSTITUÏU LA SÀLVIA PER ROMANÍ FRESC O UTILITZEU UNA BARREJA DE LES DUES HERBES.

- 1 llom de porc rostit desossat de 2-3 lliures
- 2 cullerades de llavors de fonoll
- 1 culleradeta de pebre negre
- ½ culleradeta de pebre vermell mòlt
- 6 grans d'all picats
- 1 cullerada de pell de taronja ratllada finament
- 1 cullerada de sàlvia fresca tallada a tires
- 3 cullerades d'oli d'oliva
- ½ tassa de vi blanc sec
- ½ tassa de brou d'os de pollastre (vegeu recepta) o brou de pollastre sense sal

1. Traieu el rostit de porc de la nevera; Deixeu reposar a temperatura ambient durant 30 minuts. Mentrestant, torra les llavors de fonoll en una paella petita a foc mitjà, remenant sovint, uns 3 minuts o fins que estigui fosc i fragant; refredat Transferiu-lo a un molinet

d'espècies o cafè net. Afegiu-hi els grans de pebre i el pebre vermell picat. Barrejar fins a obtenir una consistència mitjana fina. (No tritureu a pols.)

2. Preescalfeu el forn a 325 ° F. En un bol petit, combineu les espècies mòltes, l'all, la ratlladura de taronja, la sàlvia i l'oli d'oliva per formar una pasta. Col·loqueu la carn de porc rostida a la graella en una paella petita. Frega la barreja per tota la carn de porc. (Si ho desitja, col·loqueu la carn de porc condimentada en una safata de vidre de 9 x 13 x 2 polzades. Cobriu amb un embolcall de plàstic i refrigereu-la durant la nit per marinar. Abans de cuinar, transferiu la carn a una safata per al forn i deixeu-la reposar a temperatura ambient durant 30 minuts abans de cuinar...)

3. Rosti la carn de porc durant 1 a 1,5 hores o fins que un termòmetre de lectura instantània inserit al centre del rostit registri 145 ° F. Transferiu el rostit a una taula de tallar i tapeu-lo solt amb paper d'alumini. Deixeu reposar 10-15 minuts abans de tallar.

4. Mentrestant, aboqueu els sucs de la paella en una tassa mesuradora de vidre. Retalla el greix de la part superior; posposar Col·loqueu la safata del forn al cremador de l'estufa. Aboqueu el vi i el brou d'os de pollastre a la paella. Porteu a ebullició a foc mitjà-alt, remenant per raspar tots els trossos marrons. Coure uns 4 minuts o fins que la barreja s'hagi reduït una mica. Incorporeu-hi els sucs de paella reservats; Pressió. Talleu la carn de porc i serviu-la amb la salsa.

LLOM DE PORC ESTOFAT AMB TOMÀQUET

DEURES:40 minuts per coure: 10 minuts per bullir: 20 minuts per coure: 40 minuts per reposar: 10 minuts: 6-8 porcions

ELS TOMÀQUETS TENEN UNA CAPA ENGANXOSA I SALADASOTA LA SEVA PELL DE PAPER. DESPRÉS DE TREURE LES PELLS, ESBANDIU-LES RÀPIDAMENT AMB AIGUA CORRENT I JA ESTAN LLESTES PER UTILITZAR.

- 1 lliura de tomàquets, pelats, pelats i rentats
- 4 pebrots serrans, escollits, pelats i tallats a la meitat (vegeu inclinació)
- 2 jalapeños, sense tija, sense llavors i a la meitat (vegeu inclinació)
- 1 pebrot groc gran amb tija, sense cor i tallat a la meitat
- 1 pebrot taronja gran, tallat, sense llavors i tallat a la meitat
- 2 cullerades d'oli d'oliva
- 1 llom de porc rostit desossat de 2-2 ½ lliures
- 1 ceba groga gran, pelada, tallada a la meitat i a rodanxes fines
- 4 grans d'all, picats
- ¾ tassa d'aigua
- ¼ tassa de suc de llima fresc
- ¼ tassa de coriandre fresc, picat

1. Escalfeu la graella a foc fort. Folreu una safata de forn amb paper d'alumini. Col·loqueu els tomàquets, els pebrots serranos, els jalapeños i els pebrots morrons a la safata de forn preparada. Grill les verdures a 4 polzades del foc fins que estiguin ben carbonitzades, girant els tomàquets de tant en tant i traient les verdures quan estiguin carbonitzades, de 10 a 15 minuts. Col·loqueu serranos, jalapeños i tomatillos en

un bol. Poseu els pebrots dolços en un plat. Deixeu les verdures a un costat perquè es refredin.

2. Escalfeu l'oli en una paella gran a foc mitjà-alt fins que estigui suavitzat. Assecar el rostit de porc amb tovalloles de paper netes i col·locar-lo a la paella. Cuini fins que estigui ben daurat per tots els costats, girant el bistec de manera uniforme. Transferiu el bistec a un plat. Reduïu el foc a mitjà. Afegiu la ceba a la paella; coure i remeneu durant 5-6 minuts o fins que estigui daurat. Afegir all; coure 1 minut més. Retireu la paella del foc.

3. Preescalfeu el forn a 350 ° F. Per a la salsa de tomàquet, barregeu els tomàquets, els serranos i els jalapeños en un processador d'aliments o una batedora. Cobrir i barrejar o processar fins que estigui suau; afegir a la ceba a la paella. Escalfeu la paella. Porteu a ebullició; coure durant 4-5 minuts o fins que la barreja sigui fosca i espessa. Afegiu-hi aigua, suc de llimona i coriandre.

4. Repartiu la salsa de tomàquet en un motlle poc profund o 3 metres quadrats. en una safata rectangular per al forn. Afegiu la carn de porc rostida a la salsa. Cobrir bé amb paper d'alumini. Rostir durant 40-45 minuts o fins que un termòmetre de lectura instantània inserit al centre del rostit indiqui 140 ° F.

5. Talleu els pebrots dolços a tires. Afegiu la salsa de tomàquet a la paella. Emmagatzemar sense problemes amb paper d'alumini; deixar reposar 10 minuts. Tallar la carn; remenar la salsa. Serviu la carn de porc a

rodanxes amb una generosa raça de salsa de tomàquet.

FILET DE PORC FARCIT D'ALBERCOC

DEURES:20 minuts de cocció: 45 minuts Temps de repòs: 5 minuts Rendiment: 2-3 porcions

- 2 albercocs mitjans frescos, tallats gruixuts
- 2 cullerades de panses sense sofre
- 2 cullerades de nous picades
- 2 culleradetes de gingebre fresc ratllat
- ¼ culleradeta de cardamom mòlt
- 1 llom de porc de 12 unces
- 1 cullerada d'oli d'oliva
- 1 cullerada de mostassa a l'estil de Dijon (vegeu<u>recepta</u>)
- ¼ culleradeta de pebre negre

1. Preescalfeu el forn a 375 ° F. Folreu una safata de forn amb paper d'alumini; col·loqueu la graella a la safata de forn.

2. En un bol petit, combineu els albercocs, les panses, les nous, el gingebre i el cardamom.

3. Feu un tall longitudinal al centre de la carn de porc, tallant ½ polzada de l'altre costat. papallona oberta Col·loqueu la carn de porc entre dues capes de paper film. Utilitzant el costat pla d'un mall de carn, piqueu lleugerament la carn fins a ⅓ polzada de gruix. Doblegueu l'extrem de la cua per formar un rectangle llis. Piqueu lleugerament la carn per obtenir un gruix uniforme.

4. Pinteu la carn de porc amb la barreja d'albercoc. Començant per l'extrem estret, enrotlleu la carn de porc. Lliga amb un fil de cotó 100%, primer al centre i

després a intervals d'1 polzada. Col·loqueu el bistec a la graella.

5. Barrejar oli d'oliva i mostassa a l'estil de Dijon; arrebossar el bistec. Espolvorear el bistec amb pebre. Rostir durant 45-55 minuts o fins que un termòmetre de lectura instantània inserit al centre del rostit registri 140 ° F. Deixeu reposar durant 5-10 minuts abans de tallar.

FILET DE PORC AMB CROSTA D'HERBES AMB OLI D'ALL CRUIXENT

DEURES: 15 minuts de cocció: 30 minuts de cocció: 8 minuts de repòs: 5 minuts Rendiment: 6 racions

- ⅓ tassa de mostassa a l'estil de Dijon (vegeu recepta)
- ¼ tassa de julivert fresc picat
- 2 cullerades de farigola fresca, tallada a tires
- 1 cullerada de romaní fresc, tallat a tires
- ½ culleradeta de pebre negre
- 2 lloms de porc de 12 unces
- ½ tassa d'oli d'oliva
- ¼ tassa d'all fresc picat
- ¼ a 1 culleradeta de pebre vermell mòlt

1. Preescalfeu el forn a 450 ° F. Folreu una safata de forn amb paper d'alumini; col·loqueu la graella a la safata de forn.

2. En un bol petit, barregeu la mostassa, el julivert, la farigola, el romaní i el pebre negre per formar una pasta. Repartiu la barreja de mostassa i herbes per la part superior i els costats de la carn de porc. Transferiu la carn de porc a la graella. Poseu el bistec al forn; temperatura més baixa a 375 °F. Rostir durant 30-35 minuts o fins que un termòmetre de lectura instantània inserit al centre del rostit registri 140 ° F. Deixeu reposar durant 5-10 minuts abans de tallar.

3. Mentrestant, per a l'oli d'all, combineu l'oli d'oliva i l'all en una cassola petita. Coure a foc mitjà-baix durant 8-10 minuts, o fins que els alls estiguin daurats i comencin a

crepitar (no deixeu que els alls es cremin). Retirar del foc; afegir pebrot vermell picat. Tallar la carn de porc; aboqueu l'oli d'all sobre les rodanxes abans de servir.

CARN DE PORC INDI ESPECIAT AMB SALSA DE COCO

COMENÇAR A ACABAR: Rendiment de 20 minuts: 2 porcions

- 3 culleradetes de curri en pols
- 2 culleradetes de garam masala sense sal
- 1 culleradeta de comí mòlt
- 1 culleradeta de coriandre mòlt
- 1 llom de porc de 12 unces
- 1 cullerada d'oli d'oliva
- ½ tassa de llet de coco normal (com la marca Nature's Way)
- ¼ tassa de coriandre fresc, picat
- 2 cullerades de menta fresca picada

1. Barregeu 2 culleradetes de curri en pols, garam masala, comí i coriandre en un bol petit. Talleu la carn de porc a rodanxes de ½ polzada de gruix; espolvorear amb espècies. .

2. Escalfeu l'oli d'oliva en una paella gran a foc mitjà. Afegiu les rodanxes de porc a la paella; coure durant 7 minuts, girant una vegada. Traieu la carn de porc de la paella; cobrir per mantenir-se calent. Per a la salsa, afegiu la llet de coco i la culleradeta restant de curri en pols a la paella, remenant per raspar els grumolls. Coure a foc lent durant 2-3 minuts. Afegiu el coriandre i la menta. Afegiu carn de porc; coure fins que estigui calent, abocant la salsa sobre la carn de porc.

ESCALOPES DE PORC AMB POMES I CASTANYES ESPECIADES

DEURES: 20 minuts de cocció: 15 minuts Rendiment: 4 racions

- 2 lloms de porc de 12 unces
- 1 cullerada de ceba en pols
- 1 cullerada d'all en pols
- ½ culleradeta de pebre negre
- 2-4 cullerades d'oli d'oliva
- 2 pomes Fuji o Pink Lady, pelades, sense cor i trossejades
- ¼ tassa d'escalunyes ben picades
- ¾ culleradeta de canyella mòlta
- ⅛ culleradeta de clau mòlta
- ⅛ culleradeta de nou moscada mòlta
- ½ tassa de brou d'os de pollastre (vegeu recepta) o brou de pollastre sense sal
- 2 cullerades de suc de llimona fresc
- ½ tassa de castanyes rostides pelades, picades* o nous picades
- 1 cullerada de sàlvia fresca tallada a tires

1. Talleu el filet a rodanxes de ½ polzada de gruix. Col·loqueu les llesques de porc entre dues làmines d'embolcall de plàstic. Amb el costat pla d'un mall de carn, tritureu fins que quedi suau. Espolvorear les rodanxes amb ceba en pols, all en pols i pebre negre.

2. Escalfeu 2 cullerades d'oli d'oliva en una paella gran a foc mitjà. Coure la carn de porc per lots durant 3-4 minuts, girant una vegada i afegint més oli segons calgui. Transferiu la carn de porc a un plat; cobrir i mantenir calent.

3. Augmentar el foc a mitjà-alt. Afegiu-hi les pomes, les escalunyes, la canyella, els claus i la nou moscada. Coure i remeneu durant 3 minuts. Aboqueu-hi el brou d'os de pollastre i el suc de llimona. Tapar i coure durant 5 minuts. Retirar del foc; afegir castanyes i sàlvia. Serviu la barreja de poma sobre la carn de porc.

*Nota: per rostir les castanyes, preescalfeu el forn a 400 ° F. Marqueu una X a un costat de la closca de la castanya, perquè la closca s'afluixi durant el rostit. Col·loqueu les castanyes en una safata de forn i rostiu-les durant 30 minuts o fins que la closca es separi de la nou i els fruits secs estiguin tous. Embolicar les castanyes al forn amb un drap de cuina net. Peleu les closques de color blanc groguenc i la pell de la nou.

FAJITAS DE PORC SOFREGIT

DEURES: Temps de cocció: 20 minuts: 22 minuts Rendiment: 4 porcions

- 1 lliura de filet de porc, tallat a tires de 2 polzades
- 3 cullerades de condiment de fajita sense sal o condiment mexicà (vegeu<u>recepta</u>)
- 2 cullerades d'oli d'oliva
- 1 ceba petita, picada finament
- ½ pebrot vermell, sense pinyol i picat finament
- ½ pebrot taronja dolç, sense pinyol i picat finament
- 1 jalapeño, de tija i tallat a rodanxes fines (vegeu<u>inclinació</u>) (opcional)
- ½ culleradeta de llavors de comí
- 1 tassa de bolets frescos a rodanxes fines
- 3 cullerades de suc de llimona fresc
- ½ tassa de coriandre fresc, tallat a tires
- 1 alvocat, sense pinyol, pelat i tallat a daus
- Salsa desitjada (vegeu<u>receptes</u>)

1. Espolvorear la carn de porc amb 2 cullerades de condiment de fajita. Escalfeu 1 cullerada d'oli en una paella molt gran a foc mitjà. Afegiu la meitat de la carn de porc; coure i remeneu uns 5 minuts o fins que ja no estigui rosat. Transferiu la carn a un bol i tapeu-la perquè es mantingui calenta. Repetiu amb l'oli i la carn de porc restants.

2. Gireu el foc a mitjà. Afegiu 1 cullerada restant de condiment de fajita, ceba, pebrot, jalapeño i comí. Coure i remeneu uns 10 minuts o fins que les verdures estiguin tendres. Torneu tota la carn i els sucs

acumulats a la paella. Afegiu-hi els bolets i el suc de llimona. Cuini fins que estigui completament escalfat. Retireu la paella del foc; afegir coriandre. Serviu amb alvocat i salsa desitjada.

LLOM DE PORC AMB OPORTO I PRUNES

DEURES: 10 minuts de rostit: 12 minuts de descans: 5 minuts
Rendiment: 4 porcions

EL PORT ES UN VI GENEROS, EL QUE VOL DIR QUE S'AFEGEIX UN AIGUARDENT COM EL BRANDI PER ATURAR EL PROCES DE FERMENTACIO. AIXO VOL DIR QUE TE MES SUCRE RESIDUAL QUE EL VI NEGRE DE TAULA, PER LA QUAL COSA TE UN GUST MES DOLÇ. NO ES UNA COSA QUE VULGUIS BEURE CADA DIA, PERO ES BO FER-NE UNA MICA DE TANT EN TANT.

- 2 lloms de porc de 12 unces
- 2 ½ culleradetes de coriandre mòlt
- ¼ culleradeta de pebre negre
- 2 cullerades d'oli d'oliva
- 1 escalunya, picada
- ½ tassa de vi de Porto
- ½ tassa de brou d'os de pollastre (vegeu<u>recepta</u>) o brou de pollastre sense sal
- 20 prunes sense pinyol (prunes)
- ½ culleradeta de pebre vermell mòlt
- 2 culleradetes d'estragó fresc, tallat a tires

1. Preescalfeu el forn a 400 ° F. Espolseu la carn de porc amb 2 culleradetes de coriandre i pebre negre.

2. Escalfeu l'oli d'oliva en una paella gran apta per al forn a foc mitjà-alt. Poseu el filet a la paella. Cuini fins que estigui daurat per tots els costats, uns 8 minuts. Poseu la paella al forn. Grill, descobert, uns 12 minuts o fins que un termòmetre de lectura instantània inserit al

centre del bistec registri 140 ° F. Transferiu el filet a una taula de tallar. Cobriu sense paper amb paper d'alumini i deixeu-ho durant 5 minuts.

3. Mentrestant, escorreu el greix de la paella per a la salsa, reservant-ne 1 cullerada. Fregiu les escalunyes amb el greix reservat en una paella a foc mitjà durant uns 3 minuts, o fins que estiguin daurades i toves. Afegiu el port a la paella. Porteu a ebullició, remenant per evitar raspar els trossos daurats. Afegiu el brou d'os de pollastre, les prunes, el pebrot vermell mòlt i la resta de ½ culleradeta de coriandre. Coure a foc mitjà-alt per reduir lleugerament, uns 1-2 minuts. Afegiu estragó.

4. Talleu el porc a rodanxes i serviu-ho amb prunes i salsa.

TASSES DE PORC A L'ESTIL MOO SHU AMB AMANIDA AMB VERDURES ESCABETXADES RAPIDES

COMENÇAR A ACABAR: Rendiment de 45 minuts: 4 porcions

SI TENIEU UN APAT TRADICIONAL MOO SHU EN UN RESTAURANT XINES, JA SAPS QUE ES UN FARCIT SALAT DE CARN I VERDURES QUE SE SERVEIX SOBRE PANCAKES FINES AMB UNA SALSA DOLÇA DE PRUNA O HOISIN. AQUESTA VERSIO PALEO MES LLEUGERA I FRESCA INCLOU CARN DE PORC, BOK CHOY I BOLETS SHIITAKE SALTEJATS AMB GINGEBRE I ALL, QUE ES DELECTEN AMB EMBOLCALLS D'ENCIAM AMB VERDURES EN ESCABETX CRUIXENTS.

VERDURES MARINADES
- 1 tassa de pastanaga ratllada
- 1 tassa de rave daikon tallat en juliana
- ¼ tassa de ceba vermella picada
- 1 tassa de suc de poma sense sucre
- ½ tassa de vinagre de sidra

PORC
- 2 cullerades d'oli d'oliva o oli de coco refinat
- 3 ous, lleugerament batuts
- Filet de porc de 8 oz, tallat en tires de 2 x ½ polzades
- 2 culleradetes de gingebre fresc mòlt
- 4 grans d'all, picats
- 2 tasses de col napa tallada a rodanxes fines
- 1 tassa de bolets shiitake a rodanxes fines
- ¼ tassa de ceba tallada a rodanxes fines

8 fulles d'enciam de Boston

1. Per obtenir un escabetx ràpid, combineu les pastanagues, el daikon i la ceba en un bol gran. Per a la salmorra, escalfeu el suc de poma i el vinagre en una cassola fins que estigui al vapor. Aboqui la salmorra sobre les verdures en un bol; Cobrir i refrigerar fins que estigui llest per servir.

2. Escalfeu 1 cullerada d'oli en una paella gran a foc mitjà-alt. Bateu lleugerament els ous amb una batedora. Afegiu els ous a la cassola; coure, sense remenar, fins que quedi el fons, uns 3 minuts. Gireu l'ou amb cura amb una espàtula flexible i cuini l'altre costat. Traieu l'ou de la cassola i poseu-lo en un bol.

3. Escalfeu la paella; afegir 1 cullerada d'oli restant. Afegiu-hi les tires de porc, el gingebre i l'all. Cuini i remeneu a foc mitjà durant uns 4 minuts o fins que la carn de porc ja no estigui rosada. Afegiu la col i els bolets; coure i remeneu durant uns 4 minuts, o fins que la col s'hagi marcit, els bolets estiguin tendres i la carn de porc estigui cuita. Retireu la paella del foc. Talleu l'ou cuit a tires. Doblegueu amb cura les tires d'ou i les cebes a la barreja de porc. Serviu-ho sobre fulles d'enciam i damunt amb verdures en escabetx.

COSTELLES DE PORC AMB NOUS DE MACADAMIA, SALVIA, FIGUES I PURE DE MONIATO

DEURES: 15 minuts Temps de cocció: 25 minuts Rendiment: 4 racions

COMBINAT AMB PURE DE MONIATO, AQUESTES SUCOSES MANDONGUILLES AMB SALVIA SON UN APAT DE TARDOR PERFECTE QUE ES RAPID DE FER, PERFECTE PER A UNA NIT DE SETMANA OCUPADA.

- 4 llesques de llom de porc desossades, tallades d'1¼ polzades de gruix
- 3 cullerades de sàlvia fresca, tallada a tires
- ¼ culleradeta de pebre negre
- 3 cullerades d'oli de nou de macadàmia
- 2 lliures de moniatos, pelats i tallats a trossos d'1 polzada
- ¾ tassa de nous de macadàmia picades
- ½ tassa de figues seques picades
- ⅓ tassa de brou d'os de vedella (vegeu recepta) o brou de vedella sense sal
- 1 cullerada de suc de llimona fresc

1. Espolseu 2 cullerades de sàlvia i pebre a banda i banda dels trossos de porc; fregar amb els dits. Escalfeu 2 cullerades d'oli en una paella gran a foc mitjà. Poseu les mandonguilles a la paella; coure entre 15 i 20 minuts o fins que estigui fet (145 °F), donant voltes a la meitat de la cocció. Transferiu les mandonguilles a un plat; cobrir per mantenir-se calent.

2. Mentrestant, combineu els moniatos i l'aigua suficient per cobrir en una olla gran. Porteu a ebullició; reduir la

calor. Tapa i deixa coure a foc lent durant 10-15 minuts o fins que les patates estiguin tendres. Escorreu les patates. Afegiu la cullerada restant d'oli de macadàmia a les patates i tritureu fins que quedi cremosa; mantenint-se calent.

3. Afegiu nous de macadàmia a la paella per a la salsa; coure a foc mitjà fins que estigui daurat. Afegiu-hi les figues seques i la cullerada restant de sàlvia; coure durant 30 segons. Afegiu el brou d'os de vedella i el suc de llimona a la paella, remenant per trencar els trossos daurats. Aboqueu la salsa sobre les costelles de porc i serviu-ho amb puré de moniato.

COSTELLES DE PORC ROSTIDES AMB ROMANI I LAVANDA AMB RAÏM I NOUS ROSTIDES

DEURES:Cocció 10 minuts: Grill 6 minuts: 25 minuts
Rendiment: 4 porcions

TORRAR EL RAÏM AMB LES COSTELLES DE PORCMILLORA EL SEU GUST I DOLÇOR. JUNTAMENT AMB PACANES TORRADES CRUIXENTS I UNA MICA DE ROMANÍ FRESC, COMPLEMENTEN PERFECTAMENT AQUESTES MANDONGUILLES ABUNDANTS.

- 2 cullerades de romaní fresc tallat a tires
- 1 cullerada de lavanda fresca picada
- ½ culleradeta d'all en pols
- ½ culleradeta de pebre negre
- 4 llesques de llom de porc, tallades d'1¼ polzades de gruix (unes 3 lliures)
- 1 cullerada d'oli d'oliva
- 1 escalunya gran, tallada a rodanxes fines
- 1½ tasses de raïm vermell i/o verd sense pinyol
- ½ tassa de vi blanc sec
- ¾ tassa de nous picades gruixudes
- Romaní acabat de picar

1. Preescalfeu el forn a 375 ° F. En un bol petit, combineu 2 cullerades de romaní, lavanda, all en pols i pebre. Fregueu la barreja d'herbes uniformement a les costelles de porc. En una paella extragran per al forn, escalfeu l'oli d'oliva a foc mitjà. Poseu les mandonguilles a la paella; coure durant 6-8 minuts o

fins que estigui daurat pels dos costats. Transferiu les mandonguilles a un plat; cobrir amb paper d'alumini.

2. Afegiu les escalunyes a la paella. Cuini i remeneu a foc mitjà durant 1 minut. Afegiu el raïm i el vi. Cuini uns 2 minuts més, remenant per raspar els trossos daurats. Torneu les costelles de porc a la paella. Poseu la paella al forn; coure 25-30 minuts o fins que estigui tendre (145 °F).

3. Mentrestant, esteneu les pacanes en una safata poc profunda. Posar al forn amb les mandonguilles. Grill durant uns 8 minuts o fins que estigui daurat, remenant una vegada per daurar-se uniformement.

4. Serviu les costelles de porc amb raïm i pacanes torrades. Espolvorear amb romaní extra fresc.

COSTELLES DE PORC A LA FIORENTINA AMB BROQUIL ROSTIT

DEURES:20 minuts Grill: 20 minuts Marinar: 3 minuts Rendiment: 4 porcionsFOTO

"ALLA FLORENCIA" BASICAMENT SIGNIFICA "ESTIL FLORENTI". AQUESTA RECEPTA ES BASA EN LA BISTECCA ALLA FIORENTINA, UN COSTELLO TOSCA A LA BRASA AL FOC DE LLENYA AMB ELS SABORS MES SENZILLS, NORMALMENT NOMES OLI D'OLIVA, SAL, PEBRE NEGRE I UN RAIG DE LLIMONA FRESCA.

- 1 lliura de bròquil rabe
- 1 cullerada d'oli d'oliva
- 4 talls de llom de porc amb os de 6 a 8 unces, tallats de 1,5 a 2 polzades de gruix
- pebre negre mòlt gruixut
- 1 llimona
- 4 grans d'all, ben picats
- 2 cullerades de romaní fresc tallat a tires
- 6 fulles de sàlvia fresques, picades
- 1 culleradeta de flocs de pebre vermell mòlt (o al gust)
- ½ tassa d'oli d'oliva

1. En una olla gran, blanqueu el bròquil en aigua bullint durant 1 minut. Transferiu immediatament a un bol amb aigua gelada. Un cop fred, escorreu el bròquil en una safata de forn folrada amb paper de cuina, utilitzant tovalloles de paper addicionals per assecar-se el màxim possible. Traieu les tovalloles de paper de la safata de forn. Ruixeu el bròquil amb 1 cullerada d'oli d'oliva,

remenant-lo per cobrir; reservar fins que estigui llest per a la planxa.

2. Espolvoreu les costelles de porc amb pebre mòlt a les dues cares; posposar Amb un pelador de verdures, traieu les tires de ratlladura de la llimona (reserveu la llimona per a un altre ús). En un plat gran, esteneu tires de ratlladura de llimona, all picat, romaní, sàlvia i pebrot vermell triturat; posposar

3. Per a la brasa de carbó, moveu la majoria de les brases a un costat de la graella, deixant unes quantes brases per sota de l'altre costat de la graella. Grill les mandonguilles directament sobre les brases durant 2-3 minuts o fins que estiguin daurades. Doneu la volta a les mandonguilles i deixeu coure l'altre costat 2 minuts més. Mou les mandonguilles a l'altre costat de la graella. Tapeu i grill durant 10-15 minuts o fins que estigui fet (145 °F). (Si utilitzeu una graella de gas, preescalfeu la graella; reduïu la calor d'un costat de la graella a mitjà. Cuini les mandonguilles com a dalt a foc alt. Transferiu-la al costat de la graella a foc mitjà; continueu com a dalt).

4. Transferiu les mandonguilles a un plat. Ruixeu les mandonguilles amb ½ tassa d'oli d'oliva, girant-les per cobrir ambdós costats. Abans de servir, poseu a marinar les mandonguilles durant 3-5 minuts, girant una o dues vegades, per infusionar la carn amb els sabors de la ratlladura de llimona, els alls i les herbes.

5. Mentre reposen les mandonguilles, poseu el bròquil a la planxa fins que quedi lleugerament carbonitzat i

escalfat. Col·loqueu el bròquil rabe al plat amb costelles de porc; repartiu una mica de marinada per sobre cada costella i bròquil abans de servir.

COSTELLES DE PORC FARCIDES D'ESCAROLA

DEURES:Temps de cocció: 20 minuts: 9 minuts Rendiment: 4 porcions

L'ESCAROLA ES POT MENJAR COM A AMANIDA VERDA.O SOFREGIT LLEUGERAMENT AMB ALL EN OLI D'OLIVA PER A UN PLAT RAPID. COMBINAT AMB OLI D'OLIVA, ALL, PEBRE NEGRE, PEBROT VERMELL PICAT I LLIMONA, CREA UN BELL FARCIT DE COLOR VERD BRILLANT PER A SUCOSES COSTELLES DE PORC FREGIDES.

- 4 costelles de porc amb os de 6 a 8 unces, tallades de ¾ de polzada de gruix
- ½ escarola mitjana, picada finament
- 4 cullerades d'oli d'oliva
- 1 cullerada de suc de llimona fresc
- ¼ culleradeta de pebre negre
- ¼ culleradeta de pebre vermell mòlt
- 2 grans d'all, picats
- Oli d'oliva
- 1 cullerada de sàlvia fresca tallada a tires
- ¼ culleradeta de pebre negre
- ⅓ tassa de vi blanc sec

1. Utilitzeu un ganivet de pelar per marcar una butxaca profunda, d'unes 2 polzades d'ample, al costat corbat de cada costella de porc; posposar

2. En un bol gran, combineu l'escarola, 2 cullerades d'oli d'oliva, el suc de llimona, ¼ de culleradeta de pebre negre, el pebre vermell picat i l'all. Ompliu cada pastisset amb una quarta part de la barreja. Pinteu les

mandonguilles amb oli d'oliva. Espolvorear amb sàlvia i ¼ de culleradeta de pebre negre mòlt.

3. En una paella extragran, escalfeu les 2 cullerades d'oli d'oliva restants a foc mitjà-alt. Coure la carn de porc durant 4 minuts per cada costat fins que estigui daurada. Transferiu les mandonguilles a un plat. Afegiu el vi a la paella, rascant els trossos daurats. Reduïu la quantitat de suc a la paella durant 1 minut.

4. Pinteu les mandonguilles amb sucs de paella abans de servir-les.

COSTELLES FUMADES AMB SALSA DE POMA I MOSTASSA

IMMERSIÓ:1 hora de repòs: 15 minuts Fumat: 4 hores Cocció: 20 minuts Rendiment: 4 racionsFOTO

SABOR RIC I TEXTURA CARNOSA.LES COSTELLES FUMADES NECESSITEN QUELCOM FRESC I CRUIXENT. GAIREBÉ QUALSEVOL AMANIDA SERVEIX, PERÒ L'AMANIDA DE FONOLL (VEGEURECEPTAI A LA FOTOAQUÍ), ÉS ESPECIALMENT BO.

COSTELLES
- 8-10 trossos de poma o nou
- De 3 a 3 ½ lliures de costelles de porc
- ¼ tassa d'espècies fumades (vegeurecepta)

DEP
- 1 poma mitjana al forn, pelada, pelada i tallada a rodanxes fines
- ¼ tassa de ceba picada
- ¼ tassa d'aigua
- ¼ tassa de vinagre de sidra
- 2 cullerades de mostassa a l'estil de Dijon (vegeurecepta)
- 2-3 cullerades d'aigua

1. Almenys 1 hora abans de fumar, remulleu les estelles de fusta amb aigua suficient per cobrir-les. Assecar abans d'utilitzar. Retalla el greix visible de les costelles. Si cal, traieu la membrana fina de l'extrem de les costelles. Col·loqueu les costelles en una paella gran i poc profunda. Espolvorear uniformement amb espècies

fumades; fregar amb els dits. Deixeu reposar a temperatura ambient durant 15 minuts.

2. Col·loqueu carbons calents, estelles de llenya escorregudes i un recipient d'aigua a l'afumador segons les instruccions del fabricant. Aboqueu aigua a la paella. Col·loqueu les costelles a la graella sobre una paella amb aigua, amb l'os cap avall. (O col·loqueu les costelles en una reixeta de costelles; col·loqueu el suport de costelles en una reixeta.) Tapeu i fumeu durant 2 hores. Mantingueu el fumador a uns 225 °F durant tot el temps que fumeu. Si cal, afegiu-hi més carbó i aigua per mantenir la temperatura i la humitat.

3. Mentrestant, per a la salsa de fregona, combineu les rodanxes de poma, la ceba i ¼ de tassa d'aigua en una cassola petita. Porteu a ebullició; reduir la calor. Cuini a foc lent, tapat, de 10 a 12 minuts o fins que les rodanxes de poma estiguin tendres, remenant de tant en tant. Deixar refredar lleugerament; transfereix la poma i la ceba a un processador d'aliments o batedora sense escórrer-les. Cobrir i processar o barrejar fins que estigui suau. Torneu el puré a l'olla. Afegiu vinagre i mostassa a l'estil de Dijon. Coure a foc mitjà-baix durant 5 minuts, remenant de tant en tant. Afegiu 2-3 cullerades d'aigua (o més si cal) per aconseguir que l'amaniment tingui consistència de vinagreta. Dividiu la salsa en terços.

4. Passades 2 hores, unteu les costelles abundantment amb un terç de la salsa de fregona. Tapar i fumar durant 1 hora més. Pinteu de nou amb un altre terç de

la salsa de fregona. Emboliqueu cada tros de costelles amb paper d'alumini gruixut i torneu-les al fumador, apilant-les una sobre l'altra si cal. Tapa i fuma durant 1-1,5 hores més o fins que les costelles estiguin tendres.
*

5. Desemboliqueu les costelles i unteu-les amb el terç restant de la salsa de fregona. Per servir, talleu les costelles entre els ossos.

*Consell: per provar la tendresa de les costelles, traieu amb cura el paper d'una de les costelles. Agafeu la placa costella amb pinces, subjectant la placa pel quart superior de la placa. Gireu la llosa de costella de manera que el costat carnós quedi cap avall. Si les costelles són toves, el plat s'ha de començar a trencar quan s'aixequi. Si no està tendre, torneu-la a embolicar amb paper d'alumini i continueu fumant les costelles fins que estiguin tendres.

COSTELLES DE PORC A LA BRASA AMB AMANIDA DE PINYA FRESCA

DEURES:Cocció 20 minuts: Cocció 8 minuts: 1 hora 15 minuts
Rendiment: 4 porcions

LES COSTELLES DE PORC A L'ESTIL CAMP SÓN CARNOSOS,ECONÒMIQUES I TRACTADES ADEQUADAMENT, COM ARA ROSTIR A FOC LENT I CUINAR A FOC LENT EN SALSA DE BARBACOA PESADA, ES SUAVITZEN FINS AL PUNT DE FONDRE'S.

2 lliures de costelles de porc desossades a l'estil camp
¼ culleradeta de pebre negre
1 cullerada d'oli de coco refinat
½ tassa de suc de taronja fresc
1½ tasses de salsa barbacoa (vegeu recepta)
3 tasses de col verda i/o vermella triturada
1 tassa de pastanaga ratllada
2 tasses de pinya picada finament
⅓ tassa de vinagreta de cítrics brillants (vegeu recepta)
Salsa barbacoa (vegeu recepta) (opcional)

1. Preescalfeu el forn a 350 ° F. Condimenteu la carn de porc amb pebre. En una paella molt gran, escalfeu l'oli de coco a foc mitjà-alt. Afegiu costelles de porc; coure 8-10 minuts o fins que estigui daurat uniformement. Col·loqueu les costelles en un 3 metres quadrats. en una safata rectangular per al forn.

2. Per a la salsa, aboqueu el suc de taronja a la paella, remeneu-lo per raspar els trossos marrons. Afegiu 1½

tasses de salsa barbacoa. Aboqueu la salsa sobre les costelles. Doneu la volta a les costelles per arrebossar-les amb la salsa (useu un pinzell de pastisseria per cobrir les costelles amb la salsa si cal). Cobriu bé el plat de forn amb paper d'alumini.

3. Enfornar les costelles durant 1 hora. Traieu el paper d'alumini i unteu les costelles amb la salsa de la safata per al forn. Cuini 15 minuts més o fins que les costelles estiguin tendres i daurades i la salsa s'hagi espessit una mica.

4. Mentrestant, per a l'amanida de pinya, barregeu la col, les pastanagues, la pinya i la vinagreta de cítrics brillants. Cobrir i refrigerar fins a servir.

5. Serviu les costelles amb l'amanida i, si voleu, una salsa barbacoa addicional.

GUISAT DE PORC PICANT

DEURES:20 minuts Temps de cocció: 40 minuts Rendiment: 6 porcions

SERVINT AQUEST GUISAT D'ESTIL HONGARÈSSOBRE UN LLIT DE COL RIZADA CRUIXENT I AMB PROU FEINES MARC PER A UN ÀPAT D'UN SOL PLAT. TRITUREU LES LLAVORS DE COMÍ EN UN MORTER SI EN TENIU A MÀ. SI NO, AIXAFEU-LOS SOTA EL COSTAT AMPLE DEL GANIVET DE XEF PREMENT SUAUMENT EL GANIVET AMB EL PUNY.

GULASH
- 1½ lliures de carn de porc mòlta
- 2 tasses de pebrot vermell, taronja i/o groc picats
- ¾ tassa de ceba vermella picada finament
- 1 pebrot vermell fresc petit, sense pinyol i picat finament (vegeu inclinació)
- 4 culleradetes d'espècies fumades (vegeu recepta)
- 1 culleradeta de comí, mòlt
- ¼ de culleradeta de marduix o orenga mòlt
- 1 llauna de 14 oz de tomàquets a daus sense sal, sense escórrer
- 2 cullerades de vinagre de vi negre
- 1 cullerada de pell de llimona ben ratllada
- ⅓ tassa de julivert fresc picat

COL
- 2 cullerades d'oli d'oliva
- 1 ceba mitjana, picada
- 1 col verda o morada, pelada i tallada a rodanxes fines

1. Per al gulasch, coure la carn de porc mòlta, els pebrots dolços i la ceba en un forn holandès gran a foc mitjà durant 8 o 10 minuts, o fins que la carn de porc ja no estigui rosada i les verdures estiguin tendres. Cullera de fusta. per trencar la carn. Escorreu el greix. Reduïu el foc a baix; afegir xili vermell, espècies fumades, comí i marduix. Tapar i coure durant 10 minuts. Afegiu-hi els tomàquets sense escórrer i el vinagre. Porteu a ebullició; reduir la calor. Cuini a foc lent, tapat, durant 20 minuts.

2. Mentrestant, per a la col, escalfeu l'oli en una paella extra gran a foc mitjà. Afegiu la ceba i deixeu-ho coure fins que estigui suavitzat, uns 2 minuts. Afegiu la col; remenar per combinar. Reduïu el foc a baix. coure uns 8 minuts o fins que la col estigui tendra, remenant de tant en tant.

3. Per servir, aboqueu la barreja de col en un plat. Damunt amb gulasch i espolvorear amb ratlladura de llimona i julivert.

MARINARA DE MANDONGUILLA DE BOTIFARRA ITALIANA AMB FONOLL A RODANXES I CEBA SOFREGIDA

DEURES:Cocció 30 minuts: Cocció 30 minuts: 40 minuts
Rendiment: 4-6 porcions

AQUESTA RECEPTA ÉS UN EXEMPLE RARPRODUCTE ENLLAUNAT QUE FUNCIONA IGUAL DE BÉ, SI NO MILLOR, QUE LA VERSIÓ FRESCA. A MENYS QUE TINGUEU TOMÀQUETS MOLT I MOLT MADURS, NO OBTINDREU UNA CONSISTÈNCIA DE SALSA TAN BONA AMB TOMÀQUETS FRESCOS COM AMB TOMÀQUETS EN CONSERVA. NOMÉS ASSEGUREU-VOS D'UTILITZAR UN PRODUCTE SENSE SAL I, ENCARA MILLOR, ORGÀNIC.

MANDONGUILLES
2 ous grans
½ tassa de farina d'ametlla
8 grans d'all picat
6 cullerades de vi blanc sec
1 cullerada de pebre vermell
2 culleradetes de pebre negre
1 culleradeta de llavors de fonoll, lleugerament triturades
1 culleradeta d'orenga seca, picada
1 culleradeta de farigola seca, mòlta
¼ a ½ culleradeta de pebre de caiena
1½ lliures de carn de porc mòlta

MARINARA
2 cullerades d'oli d'oliva

2 llaunes de 15 unces de tomàquet triturat sense sal o una llauna de 28 unces de tomàquet triturat sense sal

½ tassa d'alfàbrega fresca picada

3 bulbs de fonoll mitjans, tallats a la meitat, sense cor i tallats a rodanxes fines

1 ceba dolça gran, tallada a la meitat i a rodanxes fines

1. Preescalfeu el forn a 375 ° F. Folreu una safata de forn gran amb un paper de forn; posposar En un bol gran, bateu els ous, la farina d'ametlla, 6 grans d'all picats, 3 cullerades de vi, pebre vermell, 1,5 culleradetes de pebre negre, llavors de fonoll, orenga, farigola i caiena. Afegiu carn de porc; Remeneu bé. Formeu la barreja de carn de porc en patates de 1,5 polzades (haurien de fer unes 24 pastissets); col·locar en una sola capa sobre la safata preparada per al forn. Coure al forn durant uns 30 minuts o fins que estigui daurat, girant una vegada durant la cocció.

2. Mentrestant, per a la salsa marinara, escalfeu 1 cullerada d'oli d'oliva en un forn holandès de 4 a 6 quarts. Afegiu-hi els 2 grans d'all picats restants; coure durant aproximadament 1 minut o fins que tot just comenci a daurar-se. Aboqueu ràpidament les 3 cullerades de vi restants, els tomàquets picats i l'alfàbrega. Porteu a ebullició; reduir la calor. Cuini a foc lent sense tapar durant 5 minuts. Aboqueu amb cura les mandonguilles cuites a la salsa marinara. Tapar i coure a foc lent durant 25-30 minuts.

3. Mentrestant, escalfeu la resta d'1 cullerada d'oli d'oliva en una paella gran a foc mitjà. Afegiu-hi el fonoll i la ceba tallats a rodanxes. Coure durant 8-10 minuts o fins que

estigui tendre i lleugerament daurat, remenant sovint. Amaniu amb ½ culleradeta de pebre negre restant. Serviu les mandonguilles i la salsa marinara sobre els bunyols de fonoll i ceba.

BARQUES DE CARBASSONS FARCIDES DE PORC AMB ALFABREGA I PINYONS

DEURES:Cocció 20 minuts: Cocció 22 minuts: 20 minuts
Rendiment: 4 porcions

ALS NENS ELS ENCANTARA AQUEST DELICIOS MENJARCARBASSO BUIT FARCIT DE CARN DE PORC MOLTA, TOMAQUET I PEBROT DOLÇ. SI HO DESITJA, AFEGIU 3 CULLERADES DE PESTO D'ALFABREGA (VEGEU<u>RECEPTA</u>) EN LLOC D'ALFABREGA FRESCA, JULIVERT I PINYONS.

- 2 carbassons mitjans
- 1 cullerada d'oli d'oliva verge extra
- 12 oz de carn de porc mòlta
- ¾ tassa de ceba picada
- 2 grans d'all picats
- 1 tassa de tomàquets picats
- ⅔ tassa de pebrot groc o taronja tallat finament
- 1 culleradeta de llavors de fonoll, lleugerament triturades
- ½ culleradeta de flocs de pebre vermell mòlt
- ¼ tassa d'alfàbrega fresca picada
- 3 cullerades de julivert fresc tallat a tires
- 2 cullerades de pinyons torrats (vegeu<u>inclinació</u>) i tallat gruixut
- 1 culleradeta de pell de llimona ratllada finament

1. Preescalfeu el forn a 350 ° F. Talleu el carbassó per la meitat longitudinalment i traieu amb cura el centre, deixant una pell de ¼ de polzada de gruix. Talleu la carn del carbassó a trossos grans i reserveu-ho.

Col·loqueu les meitats del carbassó cara amunt en una safata de forn folrada amb paper d'alumini.

2. Per al farcit, escalfeu l'oli d'oliva en una paella gran a foc mitjà-alt. Afegiu carn de porc mòlta; coure fins que ja no estigui rosat, remenant amb una cullera de fusta per trencar la carn. Escorreu el greix. Reduïu el foc a mitjà. Afegiu-hi la carn de carbassó reservada, la ceba i l'all; coure i remeneu durant uns 8 minuts o fins que la ceba es suavitzi. Afegiu-hi els tomàquets, el pebrot, les llavors de fonoll i el pebrot vermell picat. Coure uns 10 minuts o fins que els tomàquets estiguin tous i es comencin a trencar. Retireu la paella del foc. Afegiu-hi l'alfàbrega, el julivert, els pinyons i la ratlladura de llimona. Dividiu el farcit entre les closques de carbassó, formeu un petit monticle. Coure al forn durant 20-25 minuts o fins que la pell del carbassó estigui cruixent.

BOLS DE FIDEUS DE PORC AL CURRI DE PINYA AMB LLET DE COCO I HERBES

DEURES:Cocció 30 minuts: Cocció 15 minuts: 40 minuts
Rendiment: 4 porcionsFOTO

- 1 carabassa espaguetis gran
- 2 cullerades d'oli de coco refinat
- 1 lliura de carn de porc mòlta
- 2 cullerades de cibulet picat finament
- 2 cullerades de suc de llima fresc
- 1 cullerada de gingebre fresc mòlt
- 6 grans d'all picats
- 1 cullerada de llimona mòlta
- 1 cullerada de curri vermell tailandès sense sal
- 1 tassa de pebrots vermells picats
- 1 tassa de ceba picada
- ½ tassa de pastanagues tallades en juliana
- 1 bok choy per a nadons, a rodanxes (3 tasses)
- 1 tassa de bolets frescos picats
- 1 o 2 xiles d'ocells tailandesos, a rodanxes fines (vegeuinclinació)
- 1 llauna de 13,5 oz de llet de coco natural (com ara Nature's Way)
- ½ tassa de brou d'os de pollastre (vegeurecepta) o brou de pollastre sense sal
- ¼ tassa de suc de pinya fresc
- 3 cullerades de mantega d'anacard sense sal i sense oli
- 1 tassa de pinya fresca tallada a daus
- Rodalles de llimona

Coriandre fresc, menta i/o alfàbrega tailandesa
Anacards rostits picats

1. Preescalfeu el forn a 400 ° F. Poseu la carbassa espaguetis al microones a foc fort durant 3 minuts. Talleu amb cura la carbassa per la meitat longitudinalment i traieu-ne les llavors. Frega 1 cullerada d'oli de coco als costats tallats de la carbassa. Col·loqueu les meitats de carbassa, amb el costat tallat cap avall, en una safata de forn. Coure al forn durant 40-50 minuts o fins que pugueu perforar fàcilment la carbassa amb un ganivet. Amb els dents d'una forquilla, raspeu la carn de les closques i mantingueu-ho calent fins que estigui llest per servir.

2. Mentrestant, combineu la carn de porc, les cebes, el suc de llima, el gingebre, l'all, l'herba de llimona i el curri en pols en un bol mitjà; Remeneu bé. En una paella molt gran, escalfeu la resta d'1 cullerada d'oli de coco a foc mitjà. Afegiu la barreja de carn de porc; coure fins que ja no estigui rosat, remenant amb una cullera de fusta per trencar la carn. Afegiu el pebrot, la ceba i la pastanaga; Cuini i remeneu durant uns 3 minuts o fins que les verdures estiguin tendres i cruixents. Afegiu el bok choy, els bolets, els xiles, la llet de coco, el brou d'os de pollastre, el suc de pinya i la mantega d'anacard. Porteu a ebullició; reduir la calor. Afegiu pinya; coure a foc lent sense tapar fins que s'escalfi.

3. Per servir, dividiu els espaguetis entre quatre bols. Serviu el porc rostit sobre la carbassa. Serviu-ho amb rodanxes de llimona, herbes i anacards.

EMPANADES PICANTS DE PORC A LA GRAELLA AMB AMANIDA DE COGOMBRE PICANT

DEURES:A la planxa 30 minuts: 10 minuts de descans: 10 minuts Rendiment: 4 porcions

AMANIDA DE COGOMBRE CRUIXENTAROMATITZAT AMB MENTA FRESCA, AQUEST ES UN COMPLEMENT FRESC I REFRESCANT PER A LES HAMBURGUESES DE PORC PICANTS.

- ⅓ tassa d'oli d'oliva
- ¼ tassa de menta fresca picada
- 3 cullerades de vinagre de vi blanc
- 8 grans d'all picat
- ¼ culleradeta de pebre negre
- 2 cogombres mitjans, a rodanxes molt fines
- 1 ceba petita, tallada a rodanxes fines (aproximadament ½ tassa)
- 1¼ a 1½ lliures de porc mòlt
- ¼ tassa de coriandre fresc picat
- 1-2 pebrots jalapeño o serrano mitjans frescos, sense llavors (si es desitja) i picats finament (vegeu inclinació)
- 2 pebrots vermells mitjans, pelats i tallats a quarts
- 2 culleradetes d'oli d'oliva

1. Batre ⅓ tassa d'oli d'oliva, menta, vinagre, 2 grans d'all picats i pebre negre en un bol gran. Afegiu-hi els cogombres i la ceba tallats a rodanxes. Remeneu fins que estigui ben cobert. Tapa i refreda fins que estigui llest per servir, remenant una o dues vegades.

2. En un bol gran, barregeu la carn de porc, el coriandre, el xili i els 6 grans d'all picats restants. Formeu quatre panets de ¾ de polzada de gruix. Cobriu lleugerament els quarts de pebrot amb 2 culleradetes d'oli d'oliva.

3. Per a les graelles de carbó o de gas, poseu les patates i els quarts de pebrot directament a foc mitjà. Tapeu i grill fins que un termòmetre de lectura instantània inserit als costats de les hamburgueses de porc registre 160 ° F, els quarts de pebrot estiguin tendres i lleugerament carbonitzats, i els quarts de pebrot i els quarts de pebrot estiguin cuits a la meitat. Deixeu 10-12 minuts per a les hamburgueses i 8-10 minuts per als quarts de pebrot.

4. Quan els quarts de pebrot estiguin a punt, emboliqueu-los en un tros de paper d'alumini per tancar-los completament. Deixeu reposar uns 10 minuts o fins que estigui prou fred per manipular-lo. Traieu amb cura la pell del pebrot amb un ganivet afilat. Talleu els pebrots finament a quarts al llarg.

5. Per servir, tireu l'amanida de cogombre i repartiu-la de manera uniforme en quatre plats grans. Col·loqueu un pastís de porc a cada plat. Col·loqueu les rodanxes de pebrot vermell uniformement sobre les hamburgueses.

PIZZA DE CROSTA DE CARBASSÓ AMB PESTO DE TOMÀQUET SEC, PEBROT DOLÇ I BOTIFARRA ITALIANA

DEURES:Cocció 30 minuts: Cocció 15 minuts: 30 minuts
Rendiment: 4 porcions

ÉS UNA PIZZA DE GANIVET I FORQUILLA.ASSEGUREU-VOS DE PRÉMER LLEUGERAMENT LA SALSITXA I ELS PEBROTS A L'ESCORÇA RECOBERTA DE PESTO PER PERMETRE QUE LES COBERTURES S'ENGANXIN PROU PER OBTENIR UNA LLESCA DE PIZZA PERFECTA.

- 2 cullerades d'oli d'oliva
- 1 cullerada d'ametlla ben mòlta
- 1 ou gran, lleugerament batut
- ½ tassa de farina d'ametlla
- 1 cullerada d'orenga fresca tallada a tires
- ¼ culleradeta de pebre negre
- 3 grans d'all picats
- 3½ tasses de carbassó ratllat (2 mitjans)
- Botifarra italiana (vegeu recepta, d'acord amb)
- 1 cullerada d'oli d'oliva verge extra
- 1 pebrot dolç (groc, vermell o la meitat de cadascun), sense cor i tallat a tires molt fines
- 1 ceba petita, picada finament
- Pesto de tomàquet sec (vegeu recepta, d'acord amb)

1. Preescalfeu el forn a 425 ° F. Unteu una safata de pizza de 12 polzades amb 2 cullerades d'oli d'oliva. Espolvorear amb ametlla mòlta; posposar

2. Per a la base, barregeu l'ou, la farina d'ametlla, l'orenga, el pebre negre i l'all en un bol gran. Col·loqueu el carbassó ratllat sobre una tovallola neta o un tros d'estop. embolicar bé

CUIXA DE XAI FUMADA AMB LLIMONA I CORIANDRE AMB ESPÀRRECS A LA PLANXA

IMMERSIÓ:30 minuts Preparació: 20 minuts Grill: 45 minuts Descans: 10 minuts Rendiment: 6-8 porcions

AQUEST PLAT ÉS SENZILL PERÒ ELEGANTDOS INGREDIENTS QUE COBREN VIDA A LA PRIMAVERA: XAI I ESPÀRRECS. TORRAR LES LLAVORS DE CORIANDRE TREU UN SABOR CÀLID, TERRÓS I LLEUGERAMENT PICANT.

1 tassa d'estelles de fusta de noguera
2 cullerades de llavors de coriandre
2 cullerades de pell de llimona ben ratllada
1½ culleradeta de pebre negre
2 cullerades de farigola fresca, tallada a tires
1 cuixa de xai desossada de 2-3 lliures
2 rams d'espàrrecs frescos
1 cullerada d'oli d'oliva
¼ culleradeta de pebre negre
1 llimona tallada a quarts

1. Almenys 30 minuts abans de fumar en un bol, remulleu els flocs de noguera en aigua fins que estiguin coberts; posposar Mentrestant, torra les llavors de coriandre en una paella petita a foc mitjà durant uns 2 minuts o fins que estiguin fragants i cruixents, remenant sovint. Traieu les llavors de la paella; deixar refredar. Un cop les llavors s'hagin refredat, aixafeu-les en un morter (o col·loqueu les llavors sobre una taula de tallar i tritureu-les amb el dors d'una cullera de fusta). En un bol petit,

combineu les llavors de coriandre picades, la ratlladura de llimona, 1 ½ culleradeta de pebre de Jamaica i la farigola; posposar

2. Traieu la malla del rostit de xai, si n'hi ha. Obriu el greix del bistec cap avall a la superfície de treball. Espolseu la meitat de la barreja d'espècies sobre la carn; fregar amb els dits. Enrotlleu el filet i lligueu-lo amb quatre o sis trossos de fil de cuina 100% cotó. Espolvoreu la barreja d'espècies restant per l'exterior del bistec, prement lleugerament perquè s'adhereixi.

3. Per a la brasa de carbó, col·loqueu el carbó al voltant de la paella degoteig a foc mitjà. Proveu-ho a foc mitjà en una paella. Espolseu les estelles de fusta escorregudes sobre les brases. Col·loqueu el xai rostit a la graella en una safata de degoteig. Tapa i fuma durant 40-50 minuts a foc mitjà (145 °F). (Si utilitzeu una graella de gas, preescalfeu la graella. Reduïu la calor a mitja. Poseu-la a la graella indirecta. Fumeu com a anterior, excepte que afegiu-hi estelles de fusta escorregudes segons les instruccions del fabricant.) Cobriu el bistec sense anar amb paper d'alumini. Deixeu reposar 10 minuts abans de tallar.

4. Mentrestant, talleu les puntes llenyoses dels espàrrecs. Aboqueu els espàrrecs amb oli d'oliva i ¼ de culleradeta de pebre en un bol gran. Col·loqueu els espàrrecs al voltant de les vores exteriors de la graella, directament a sobre de les brases i perpendicularment a les reixes de la graella. Tapa i grill durant 5-6 minuts

fins que estigui cruixent. Premeu les rodanxes de llimona sobre els espàrrecs.

5. Traieu el fil del filet de xai i talleu la carn a làmines fines. Serviu la carn amb espàrrecs a la planxa.

OLLA CALENTA DE XAI

DEURES: 30 minuts Temps de cocció: 2 hores 40 minuts
Rendiment: 4 racions

ESCALFEU AMB AQUEST DELICIÓS GUISATEN UNA NIT DE TARDOR O HIVERN. EL GUISAT SE SERVEIX SOBRE UN PURÉ D'ARREL D'API I XIRIVIA VELLUTADA, AMANIT AMB MOSTASSA A L'ESTIL DE DIJON, CREMA D'ANACARD I CIBULET. NOTA: L'ARREL D'API DE VEGADES S'ANOMENA API-RACA.

- 10 pebre negre
- 6 fulles de sàlvia
- 3 pebres sencers
- 2 tires de 2 polzades de pell de taronja
- 2 lliures d'espatlla de xai desossada
- 3 cullerades d'oli d'oliva
- 2 cebes mitjanes, tallades gruixudes
- 1 llauna de 14,5 unces de tomàquet tallat a daus sense sal, sense escórrer
- 1½ tasses de brou d'os de vedella (vegeu recepta) o brou de vedella sense sal
- ¾ tassa de vi blanc sec
- 3 grans d'all grans, picats i pelats
- 2 lliures d'arrel d'api, pelada i tallada a daus d'1 polzada
- 6 xirivia mitjanes, pelades i tallades a rodanxes d'1 polzada (aproximadament 2 lliures)
- 2 cullerades d'oli d'oliva
- 2 cullerades de crema d'anacard (vegeu recepta)
- 1 cullerada de mostassa a l'estil de Dijon (vegeu recepta)
- ¼ tassa d'all picat

1. Talla un quadrat de 7 polzades de gasa per al ram. Col·loqueu els grans de pebre, la sàlvia, el pebre de Jamaica i la pell de taronja al centre de la gasa. Aixequeu les cantonades de la gasa i lligueu fortament amb un cordó net de cotó 100%. Posposar.

2. Retalleu el greix de l'espatlla de xai; tallar el xai en trossos d'1 polzada. Escalfeu 3 cullerades d'oli d'oliva en un forn holandès a foc mitjà. Fregiu el xai, per lots si cal, en l'oli calent fins que estigui daurat; Retirar de la paella i mantenir calent. Afegiu les cebes a la paella; coure de 5 a 8 minuts o fins que estigui tendre i lleugerament daurat. Afegiu bouquet garni, tomàquets secs, 1¼ tassa de brou d'os de vedella, vi i all. Porteu a ebullició; reduir la calor. Cuini a foc lent, tapat, durant 2 hores, remenant de tant en tant. Retireu i llenceu el bouquet garni.

3. Mentrestant, tritureu l'arrel d'api i la xirivia en una olla gran; cobrir amb aigua. Porteu a ebullició a foc mitjà-alt; reduir la calor a baix. Tapeu i deixeu-ho coure a foc lent durant 30-40 minuts o fins que les verdures estiguin ben tendres quan es travessen amb una forquilla. drenatge; posar les verdures en un processador d'aliments. Afegiu ¼ de tassa de brou d'os de vedella restant i 2 cullerades d'oli; Premeu fins que el puré sigui gairebé suau, però encara tingui una mica de textura, parant una o dues vegades per raspar els costats. Transferiu el puré a un bol. Afegiu-hi la crema d'anacard, la mostassa i les cebes.

4. A l'hora de servir, dividiu el puré en quatre bols; damunt amb Lamb Hot Pot.

GUISAT DE XAI AMB PASTA D'ARREL D'API

DEURES: Coure al forn en 30 minuts: 1 hora 30 minuts
Rendiment: 6 porcions

L'ARREL D'API PREN UN ASPECTE COMPLETAMENT DIFERENT. EN AQUEST GUISAT QUE EN L'OLLA CALENTA DE XAI (VEGEU<u>RECEPTA</u>). S'UTILITZA UNA TALLADORA DE MANDOLINA PER CREAR TIRES MOLT FINES DE L'ARREL DOLÇA I DE NOU. COSEM LA "PASTA" AL GUISAT FINS QUE QUEDI SUAU.

- 2 culleradetes de condiment d'herbes de llimona (vegeu<u>recepta</u>)
- 1½ lliures de guisat de xai, tallat a daus d'1 polzada
- 2 cullerades d'oli d'oliva
- 2 tasses de ceba picada
- 1 tassa de pastanagues picades
- 1 tassa de naps tallats a daus
- 1 cullerada d'all picat (6 grans)
- 2 cullerades de pasta de tomàquet sense sal
- ½ tassa de vi negre sec
- 4 tasses de brou d'os de vedella (vegeu<u>recepta</u>) o brou de vedella sense sal
- 1 fulla de llorer
- 2 tasses de carbassa butternut, tallada a daus d'1 polzada
- 1 tassa d'albergínia tallada a daus
- 1 lliura d'arrel d'api, pelada
- julivert fresc picat

1. Preescalfeu el forn a 250 ° F. Espolseu el condiment d'herbes de llimona de manera uniforme sobre el xai. Remeneu suaument per cobrir. Escalfeu un forn

holandès de 6 a 8 quarts a foc mitjà-alt. Afegiu 1 cullerada d'oli d'oliva i la meitat del xai condimentat al forn holandès. Fregiu la carn en oli calent per tots els costats; Transfereix la carn daurada a un plat i repeteix amb la resta de xai i oli d'oliva. Reduïu el foc a mitjà.

2. Afegiu cebes, pastanagues i naps a l'olla. Cuini i remeneu les verdures durant 4 minuts; afegiu-hi l'all i la pasta de tomàquet i deixeu-ho coure 1 minut més. Afegiu el vi negre, el brou d'os de vedella, les fulles de llorer, la carn i els sucs acumulats. Bullir la barreja. Tapa i col·loca el forn holandès al forn preescalfat. Enfornar durant 1 hora. Afegiu-hi la carbassa i l'albergínia. Tornar al forn i coure durant 30 minuts més.

3. Mentre el guisat està al forn, talleu l'arrel d'api molt fines amb una mandolina. Talleu l'arrel d'api en tires de ½ polzada d'ample. (Hauríeu de tenir unes 4 tasses.) Remeneu les tires d'arrel d'api al guisat. Cuini a foc lent uns 10 minuts o fins que estigui tendre. Retireu i descarteu la fulla de llorer abans de servir. Espolvorear cada porció amb julivert picat.

COSTELLES DE XAI AMB MAGRANA PICANT I SALSA DE DÀTILS

DEURES: Cuinar 10 minuts: Refredar 18 minuts: 10 minuts
Rendiment: 4 porcions

EL TERME "FRANCÈS" SIGNIFICA COSTELLADEL QUAL ES VAN TREURE GREIX, CARN I TEIXIT CONJUNTIU AMB UN GANIVET DE CUINA AFILAT. AQUESTA ÉS UNA PRESENTACIÓ ATRACTIVA. DEMANA AL TEU CARNISSER QUE HO FACI O POTS FER-HO TU MATEIX.

CHUTNEY
- ½ tassa de suc de magrana sense sucre
- 1 cullerada de suc de llimona fresc
- 1 escalunya, pelada i tallada a rodanxes fines
- 1 culleradeta de pell de taronja ratllada finament
- ⅓ tassa de dàtils Medjool picats
- ¼ culleradeta de pebre vermell mòlt
- ¼ tassa d'arils de magrana*
- 1 cullerada d'oli d'oliva
- 1 cullerada de julivert italià fresc picat (de fulla plana).

COSTELLES DE XAI
- 2 cullerades d'oli d'oliva
- 8 costelles de xai franceses

1. Per a la salsa calenta, combineu el suc de magrana, el suc de llimona i les escalunyes en una cassola petita. Porteu a ebullició; reduir la calor. Cuini a foc lent sense tapar durant 2 minuts. Afegiu-hi la ratlladura de taronja, els dàtils i el pebre vermell mòlt. Deixeu reposar fins

que es refredi, uns 10 minuts. Afegiu magranes, 1 cullerada d'oli d'oliva i julivert. Deixar a temperatura ambient fins a servir.

2. Per a les mandonguilles, escalfeu 2 cullerades d'oli d'oliva en una paella gran a foc mitjà. Treballant per lots, afegiu les mandonguilles a la paella i deixeu-ho coure durant 6 o 8 minuts a foc mitjà (145 °F), girant una vegada. Remeneu les mandonguilles amb la salsa calenta.

*Nota: Les magranes fresques i les magranes o llavors estan disponibles d'octubre a febrer. Si no les trobeu, feu servir llavors seques sense sucre per fer el chutney més cruixent.

COSTELLES DE LLOM DE XAI CHIMICHURRI AMB COL DE RADICCHIO ESTOFADA

DEURES:30 minuts Marinar: 20 minuts Cocció: 20 minuts
Rendiment: 4 racions

A L'ARGENTINA, EL CHIMICHURRI ÉS EL CONDIMENT MÉS POPULAR.JUNTAMENT AMB LA FAMOSA BARBACOA A L'ESTIL GAUTXO. HI HA MOLTES VARIACIONS, PERÒ UNA SALSA ESPESSA D'HERBES ES FA GENERALMENT AMB JULIVERT, CORIANDRE O ORENGA, ESCALUNYES I/O ALL, PEBROT VERMELL TRITURAT, OLI D'OLIVA I VINAGRE DE VI NEGRE. ÉS FANTÀSTIC AMB EL BISTEC A LA BRASA, PERÒ TAMBÉ ÉS FANTÀSTIC AMB EL XAI, EL POLLASTRE I LES COSTELLES DE PORC A LA PAELLA.

8 trossos de llom de xai, tallats d'1 polzada de gruix

½ tassa de salsa chimichurri (vegeu_recepta_)

2 cullerades d'oli d'oliva

1 ceba dolça, tallada a la meitat i a rodanxes

1 culleradeta de comí mòlt*

1 gra d'all picat

1 cap de radicchio, pelat i tallat a tires fines

1 cullerada de vinagre balsàmic

1. Col·loqueu les costelles de xai en un bol extra gran. Regar amb 2 cullerades de salsa chimichurri. Utilitzeu els dits per fregar la salsa per tota la superfície de cada peça. Deixeu marinar les mandonguilles a temperatura ambient durant 20 minuts.

2. Mentrestant, per a l'amanida de radicchio estofat, escalfeu 1 cullerada d'oli d'oliva en una paella extragran. Afegiu la ceba, les llavors de comí i l'all; coure de 6 a 7 minuts o fins que la ceba es suavitzi, remenant sovint. Afegiu el radicchio; coure 1-2 minuts o fins que el radicchio estigui lleugerament marcit. Transferiu l'amanida a un bol gran. Afegiu-hi el vinagre balsàmic i remeneu bé per combinar. Cobrir i mantenir calent.

3. Netegeu la paella. Afegiu 1 cullerada d'oli d'oliva restant a la paella i escalfeu-ho a foc mitjà-alt. Afegiu costelles de xai; reduir el foc a mitjà. Cuini durant 9-11 minuts o fins que estigui cot, girant les mandonguilles de tant en tant amb unes pinces.

4. Serviu les mandonguilles amb l'amanida i la salsa chimichurri restant.

*Nota: per aixafar les llavors de comí, utilitzeu un morter i una mà de mà o col·loqueu les llavors sobre una taula de tallar i tritureu-les amb un ganivet de xef.

COSTELLES DE XAI RECOBERTES D'ANXOVA I SALVIA AMB REMOULADE DE PASTANAGA I MONIATO

DEURES: Refredar 12 minuts: 1-2 hores Grill: 6 minuts Dona: 4 porcions

HI HA TRES TIPUS DE COSTELLES DE XAI. LES COSTELLES DE LLOM GRUIXUDES I CARNOSOS SEMBLEN PETITS COSTELLS. LES COSTELLES, ANOMENADES AQUI, S'ELABOREN TALLANT ENTRE ELS OSSOS DEL XAI. SON MOLT TENDRES I TENEN UN OS LLARG ATRACTIU AL COSTAT. SOVINT ES SERVEIXEN A LA BRASA O A LA BRASA. LES COSTELLES D'ESPATLLA ECONOMIQUES SON UNA MICA MES GRASSES I MENYS TENDRES QUE ELS ALTRES DOS TIPUS. ES FREGEIXEN MILLOR I DESPRES ES GUISEN AMB VI, BROU I TOMAQUET O UNA COMBINACIO D'AQUESTS.

- 3 pastanagues mitjanes, ratllades gruixudes
- 2 moniatos petits, ratllats* o ratllats gruixuts
- ½ tassa de Paleo Mayo (vegeu recepta)
- 2 cullerades de suc de llimona fresc
- 2 culleradetes de mostassa a l'estil de Dijon (vegeu recepta)
- 2 cullerades de julivert fresc picat
- ½ culleradeta de pebre negre
- 8 costelles de xai, tallades de ½ a ¾ de polzada de gruix
- 2 cullerades de sàlvia fresca picada o 2 culleradetes de sàlvia seca picada
- 2 culleradetes de chiles ancho mòlts
- ½ culleradeta d'all en pols

1. Per a la remoulade, combineu les pastanagues i els moniatos en un bol mitjà. En un bol petit, combineu Paleo Mayo, suc de llimona, mostassa a l'estil de Dijon, julivert i pebre negre. Aboqueu-hi les pastanagues i els moniatos; tirar la tovallola. Cobrir i refredar durant 1-2 hores.

2. Mentrestant, combineu la sàlvia, els xiles anchos i l'all en pols en un bol petit. Frega la barreja d'espècies sobre les costelles de xai.

3. Per a les graelles de carbó o de gas, poseu les costelles de xai a una graella directa a foc mitjà. Tapeu i grill durant 6-8 minuts (145 °F) o 10-12 minuts per mitjà (150 °F), girant una vegada a la meitat de la graella.

4. Serviu les costelles de xai amb remulade.

*Nota: utilitzeu una mandolina amb un accessori en juliana per tallar els moniatos.

HAMBURGUESES DE XAI FARCIDES DE L'HORT AMB PEBROT VERMELL

DEURES:20 minuts de repòs: 15 minuts a la planxa: 27 minuts
Rendiment: 4 racions

UN COULIS NO ES MES QUE UNA SALSA SENZILLA I SUAU.ELABORAT AMB PURE DE FRUITES O VERDURES. UNA SALSA DE PEBROT VERMELL BRILLANT I BONICA, AQUESTES HAMBURGUESES DE XAI ACONSEGUEIXEN UNA DOBLE DOSI DE FUM: DE LA PLANXA I D'UN RAIG DE PEBRE VERMELL FUMAT.

COULIS DE PEBRE VERMELL
- 1 pebrot vermell gran
- 1 cullerada de vinagre de vi blanc sec o vi blanc
- 1 culleradeta d'oli d'oliva
- ½ culleradeta de pebre vermell fumat

HAMBURGUESES
- ¼ tassa de tomàquets secs, tallats a tires
- ¼ tassa de carbassó ratllat
- 1 cullerada d'alfàbrega fresca picada
- 2 culleradetes d'oli d'oliva
- ½ culleradeta de pebre negre
- 1½ lliures de xai mòlt
- 1 clara d'ou, lleugerament batuda
- 1 cullerada d'espècies mediterrànies (vegeu<u>recepta</u>)

1. Per al coulis de pebrot vermell, poseu el pebrot vermell a la planxa directament a foc mitjà. Tapeu i grill durant 15 a 20 minuts o fins que estigui carbonitzat i ben tendre,

girant els pebrots cada 5 minuts perquè es carbonitzin per ambdós costats. Retirar de la graella i posar immediatament en una bossa de paper o paper d'alumini per cobrir completament els pebrots. Deixeu reposar 15 minuts o fins que estigui prou fred per manipular-lo. Traieu amb cura la pell amb un ganivet afilat i llenceu-ho. Talleu els pebrots a quarts longitudinalment i traieu-ne la tija, les llavors i la pell. En un processador d'aliments, combineu els pebrots rostits, el vi, l'oli d'oliva i el pebre vermell fumat. Cobrir i processar o barrejar fins que estigui suau.

2. Mentrestant, per al farcit, poseu els tomàquets secs al sol en un bol petit i cobriu-los amb aigua bullint. Deixeu reposar 5 minuts; drenar Assecar els tomàquets i el carbassó ratllat amb paper absorbent. En un bol petit, combineu els tomàquets, el carbassó, l'alfàbrega, l'oli d'oliva i ¼ de culleradeta de pebre negre; posposar

3. En un bol gran, combineu el xai mòlt, la clara d'ou, ¼ de culleradeta de pebre negre restant i el condiment mediterrani; Remeneu bé. Dividiu la barreja de carn en vuit porcions iguals i doneu forma a cadascuna d'elles en un pastís de ¼ de polzada de gruix. Aboqueu el farcit en quatre scones; Col·loqueu els scones restants a sobre, pessigant les vores per segellar el farcit.

4. Col·loqueu les patates a la graella directament a foc mitjà. Tapeu i grill durant 12-14 minuts o fins que estigui fet (160 °F), girant una vegada a la meitat de la graella.

5. A l'hora de servir, empolvoreu les hamburgueses amb pebre vermell.

BROQUETES DE XAI AMB DOBLE ORENGA I SALSA TZATZIKI

IMMERSIO: 30 minuts Preparació: 20 minuts Refredar: 30 minuts Grill: 8 minuts Rendiment: 4 porcions

AQUESTES BROQUETES DE XAI SON BASICAMENTANOMENADA KOFTA AL MEDITERRANI I A L'ORIENT MITJA: LA CARN MOLTA CONDIMENTADA (GENERALMENT XAI O VEDELLA) ES FA BOLES O AL VOLTANT D'UNA BROQUETA I ES FA A LA PLANXA. L'ORENGA FRESCA I SECA ELS DONA UN GRAN SABOR GREC.

8 broquetes de fusta de 10 polzades

COSTELLES DE XAI
- 1½ lliures de xai mòlt magre
- 1 ceba petita, ratllada i escorreguda
- 1 cullerada d'orenga fresca tallada a tires
- 2 culleradetes d'orenga seca, picada
- 1 culleradeta de pebre negre

SALSA TZATZIKI
- 1 tassa de Paleo Mayo (vegeu<u>recepta</u>)
- ½ cogombre gran, pelat, picat i assecat
- 2 cullerades de suc de llimona fresc
- 1 gra d'all picat

1. Remullar les broquetes en aigua durant 30 minuts per cobrir-les.

2. Per a les broquetes de xai, combineu el xai mòlt, la ceba, l'orenga fresca i seca i el pebre en un bol gran;

Remeneu bé. Dividiu la barreja de xai en vuit porcions iguals. Forma cada peça en aproximadament la meitat d'una broqueta, creant un registre de 5 per 1 polzada. Tapa i refreda durant almenys 30 minuts.

3. Mentrestant, per a la salsa Tzatziki, combineu Paleo Mayo, cogombre, suc de llimona i all en un bol petit. Tapa i refreda fins a servir.

4. Per a les graelles de carbó o de gas, poseu les broquetes de xai directament a la graella a foc mitjà. Tapeu i cuini durant uns 8 minuts a foc mitjà (160 °F), girant una vegada a la meitat de la graella.

5. Serviu les broquetes de xai amb salsa Tzatziki.

POLLASTRE A LA PLANXA AMB SAFRÀ I LLIMONA

DEURES:15 minuts refredament: 8 hores rostit: 1 hora 15 minuts repòs: 10 minuts Rendiment: 4 porcions

EL SAFRÀ SÓN ELS ESTAMS SECS D'UNA ESPÈCIE DE FLOR DE CROCUS. ÉS CAR, PERÒ UNA MICA VA MOLT LLUNY. DÓNA A AQUEST POLLASTRE FREGIT AMB PELL CRUIXENT UN SABOR TERRÓS DIFERENT I UN TO GROC AGRADABLE.

- 1 pollastre sencer, de 4 a 5 lliures
- 3 cullerades d'oli d'oliva
- 6 grans d'all picats i pelats
- 1½ cullerades de pell de llimona ratllada finament
- 1 cullerada de farigola fresca
- 1½ culleradetes de pebre negre mòlt
- ½ culleradeta de fils de safrà
- 2 fulles de llorer
- 1 llimona tallada a quarts

1. Traieu el coll i els intestins del pollastre; descartar o guardar per a un altre ús. Esbandiu la cavitat corporal del pollastre; assecar amb tovalloles de paper. Retalla l'excés de pell o greix del pollastre.

2. Combina l'oli d'oliva, l'all, la ratlladura de llimona, la farigola, el pebre i el safrà en un processador d'aliments. Processar per formar una pasta llisa.

3. Utilitzeu els dits per fregar la pasta sobre la superfície exterior del pollastre i la cavitat interna. Transferiu el

pollastre a un bol gran; cobrir i refrigerar almenys 8 hores o tota la nit.

4. Preescalfeu el forn a 425 ° F. Col·loqueu els quarts de llimona i les fulles de llorer a la cavitat del pollastre. Lliga les cames amb un fil de cuina 100% cotó. Fiqueu les ales sota el pollastre. Introduïu un termòmetre de carn de forn al múscul de la cuixa sense tocar l'os. Col·loqueu el pollastre a la graella en una safata gran per al forn.

5. Grill durant 15 minuts. Reduïu la temperatura del forn a 375 °F. Coure al forn aproximadament 1 hora més, o fins que els sucs siguin clars i un termòmetre registri 175 ° F. Col·loqueu el pollastre al paper d'alumini. Deixeu reposar 10 minuts abans de tallar.

POLLASTRE TRITURADOR AMB AMANIDA JICAMA

DEURES: 40 minuts Grill: 1 hora 5 minuts Descans: 10 minuts
Rendiment: 4 porcions

SPATCHCOCK ÉS UN TERME VELL DE CUINA QUE RECENTMENT S'HA TORNAT A UTILITZAR PER DESCRIURE DIVIDIR EL LLOM D'UN OCELL PETIT, COM UN POLLASTRE O UNA GALLINA CÒRNICA, I DESPRÉS OBRIR-LO I APLANAR-LO COM UN LLIBRE PER CUINAR-LO DE MANERA MÉS RÀPIDA I UNIFORME. ÉS SEMBLANT AL VOL DE LES PAPALLONES, PERÒ NOMÉS ELS OCELLS DOMÈSTICS.

POLLASTRE
- 1 xile poblano
- 1 cullerada d'escalunyes ben picades
- 3 grans d'all picats
- 1 culleradeta de pell de llimona ratllada finament
- 1 culleradeta de pell de llima ratllada finament
- 1 culleradeta d'espècies fumades (vegeu recepta)
- ½ culleradeta d'orenga seca, picada
- ½ culleradeta de comí mòlt
- 1 cullerada d'oli d'oliva
- 1 pollastre sencer, de 3 a 3 ½ lliures

AMANIDA DE COL
- ½ jícama mitjana, pelada i desvenada (unes 3 tasses)
- ½ tassa de ceba tallada a rodanxes fines (4)
- 1 poma Granny Smith, pelada, sense cor i sense cor
- ⅓ tassa de coriandre fresc picat
- 3 cullerades de suc de taronja fresc

3 cullerades d'oli d'oliva

1 culleradeta de condiment d'herbes de llimona (vegeu<u>recepta</u>)

1. Per a la brasa de carbó, col·loqueu carbons moderadament calents a un costat de la graella. Col·loqueu una safata de degoteig sota el costat buit de la graella. Col·loqueu el poblano a la graella directament sobre brases moderadament calentes. Tapeu i grill durant 15 minuts o fins que els poblanos estiguin carbonitzats per tots els costats, girant-los de tant en tant. Embolicar immediatament el poblano amb paper d'alumini; deixar reposar 10 minuts. Obriu el paper d'alumini i talleu el poblano per la meitat longitudinalment; treure les tiges i les llavors (vegeu<u>inclinació</u>). Amb un ganivet afilat, traieu suaument la pell i llenceu-lo. Piqueu el poblano finament. (Si utilitzeu una graella de gas, preescalfeu la graella; reduïu la calor a mitjà. Establiu-la per a la graella indirecta. Feu la graella com a dalt sobre el cremador encès.)

2. Per a l'amaniment, combineu el poblano, les escalunyes, l'all, la ratlladura de llimona, la ratlladura de llima, l'espècia fumada, l'orenga i el comí en un bol petit. Afegir l'oli; barrejar bé per formar una pasta.

3. Per arrebossar el pollastre, traieu el coll i els menuts (reservar per a un altre ús). Col·loqueu el pit de pollastre cap avall sobre una taula de tallar. Amb les tisores de cuina, feu un tall longitudinal en un costat de la columna, començant per la part posterior del coll. Repetiu el tall longitudinal al costat oposat de la

columna vertebral. Traieu i descarteu la columna vertebral. Col·loqueu la pell del pollastre cap amunt. Premeu entre els pits per trencar l'estèrnum de manera que el pollastre quedi pla.

4. Començant pel coll d'un costat del pit, utilitzeu els dits per empènyer entre la pell i la carn, afluixant la pell mentre treballeu cap a la cuixa. Afluixeu la pell al voltant de la cuixa. Repetiu a l'altre costat. Utilitzeu els dits per fregar la carn sota la pell del pollastre.

5. Col·loqueu el pit de pollastre cap avall a la graella de la safata de degoteig. Pesa dos maons embolicats amb paper d'alumini o una paella gran de ferro colat. Tapa i grill durant 30 minuts. Gireu l'os de pollastre cap avall a la graella i torneu a pesar amb els maons o a la paella. Grill, tapat, uns 30 minuts més o fins que el pollastre ja no estigui rosat (175 °F de cuixa). Traieu el pollastre de la graella; deixar reposar 10 minuts. (Si utilitzeu una graella de gas, col·loqueu el pollastre a la graella lluny del foc. Cuini com a dalt.)

6. Mentrestant, per a l'amanida, combineu la jícama, les cebes verdes, la poma i el coriandre en un bol gran. En un bol petit, combineu el suc de taronja, l'oli i el condiment d'herbes de llimona. Aboqueu-hi la barreja de jícama i tireu-la per cobrir. Serviu el pollastre amb l'amanida.

ESQUENA DE POLLASTRE A LA PLANXA AMB VODKA, PASTANAGA I SALSA DE TOMÀQUET

DEURES:Cocció 15 minuts: rostit 15 minuts: 30 minuts
Rendiment: 4 porcions

EL VODKA ES POT FER AMB DIVERSOS INGREDIENTSDIVERSOS ALIMENTS COM LES PATATES, EL BLAT DE MORO, EL SÈGOL, EL BLAT I L'ORDI, FINS I TOT EL RAÏM. TOT I QUE AQUEST BANY NO ÉS ALT EN VODKA QUAN EL DIVIDIU EN QUATRE PORCIONS, BUSQUEU VODKA FET AMB PATATES O RAÏM PER FER-LO PALEO-FRIENDLY.

- 3 cullerades d'oli d'oliva
- 4 quarts posteriors de pollastre amb os o trossos de pollastre carnosos, sense pell
- 1 llauna de 28 unces de tomàquets pruna sense sal afegit, escorreguts
- ½ tassa de ceba picada finament
- ½ tassa de pastanagues picades finament
- 3 grans d'all picats
- 1 culleradeta d'espècies mediterrànies (vegeu<u>recepta</u>)
- ⅛ culleradeta de pebre de caiena
- 1 branca de romaní fresc
- 2 cullerades de vodka
- 1 cullerada d'alfàbrega fresca picada (opcional)

1. Preescalfeu el forn a 375 ° F. Escalfeu 2 cullerades d'oli en una paella molt gran a foc mitjà-alt. Afegiu el pollastre; coure uns 12 minuts o fins que estigui daurat

uniformement. Poseu la paella al forn preescalfat. Grill sense tapar durant 20 minuts.

2. Mentrestant, tallem els tomàquets per a la salsa amb unes tisores de cuina. Escalfeu la cullerada d'oli restant en una cassola mitjana a foc mitjà. Afegiu la ceba, la pastanaga i l'all; coure 3 minuts o fins que estigui tendre, remenant sovint. Afegiu-hi els tomàquets tallats a daus, les espècies mediterrànies, el pebre de caiena i una branca de romaní. Porteu a ebullició a foc mitjà-alt; reduir la calor. Cuini a foc lent sense tapar durant 10 minuts, remenant de tant en tant. Afegiu vodka; coure durant 1 minut més; treure i descartar la branca de romaní.

3. Serviu la salsa sobre el pollastre a la paella. Torneu la cassola al forn. Grill, cobert, uns 10 minuts més o fins que el pollastre estigui tendre i ja no estigui rosat (175 °F). Espolvorear amb alfàbrega si ho desitja.

POULET RÔTI I RUTABAGA FRITES

DEURES:Enfornar en 40 minuts: 40 minuts Rendiment: 4 porcions

LES FREGITS DE PRETZEL CRUIXENTS SÓN DELICIOSESSERVIT AMB POLLASTRE A LA PLANXA I SUCS QUE L'ACOMPANYA, PERÒ TAMBÉ DELICIÓS AMB SALSA DE TOMÀQUET PALEO (VEGEU<u>RECEPTA</u>) O SERVIT A L'ESTIL BELGA AMB ALIOLI PALEO (MAIONESA D'ALL, VEGEU<u>RECEPTA</u>).

6 cullerades d'oli d'oliva

1 cullerada d'espècies mediterrànies (vegeu<u>recepta</u>)

4 cuixes de pollastre sense pell sense os (aproximadament 1 ¼ de lliure en total)

4 cuixes de pollastre sense pell (aproximadament 1 lliura en total)

1 tassa de vi blanc sec

1 tassa de brou d'os de pollastre (vegeu<u>recepta</u>) o brou de pollastre sense sal

1 ceba petita, tallada a quarts

Oli d'oliva

1½ a 2 lliures de ruda

2 cullerades d'all fresc tallat a tires

Pebre negre

1. Preescalfeu el forn a 400 ° F. En un bol petit, combineu 1 cullerada d'oli d'oliva i el condiment mediterrani; frega els trossos de pollastre. Escalfeu 2 cullerades d'oli en una paella extragran per al forn. Col·loqueu els trossos de pollastre, amb el costat carn cap avall. Coure al forn sense tapar durant uns 5 minuts o fins que estigui

daurat. Retireu la paella del foc. Gireu els trossos de pollastre, amb el costat escalfat cap amunt. Afegiu el vi, el brou d'os de pollastre i les cebes.

2. Posa la cassola al forn a la reixeta del mig. Coure al forn descobert durant 10 minuts.

3. Mentrestant, per a les patates fregides, arrebossem lleugerament una safata de forn gran amb oli d'oliva; posposar Peleu les rutabagues. Amb un ganivet afilat, talleu les rutabagas a rodanxes de ½ polzada. Talleu les rodanxes longitudinalment en tires de ½ polzada. En un bol gran, tireu les tires de rue amb les 3 cullerades d'oli restants. Esteneu les tires de rutabaga en una sola capa a la planxa de forn preparada; posar al forn a la reixa superior. Coure durant 15 minuts; voltejar les patates fregides. Coure el pollastre durant 10 minuts més o fins que ja no estigui rosat (175 °F). Traieu el pollastre del forn. Coure les patates fregides durant 5 a 10 minuts o fins que estiguin daurades i tendres.

4. Retireu el pollastre i la ceba de la paella, deixeu-ne el suc. Tapeu el pollastre i la ceba perquè es mantinguin calents. Porteu el suc a ebullició a foc mitjà; reduir la calor. Cuini a foc lent, sense tapar, uns 5 minuts més, o fins que els sucs hagin reduït una mica.

5. A l'hora de servir, tireu les patates amb el cibulet i amaniu-les amb pebre. Serviu el pollastre amb els sucs de la cocció i les patates fregides.

COQ AU VIN DE TRES BOLETS AMB PURÉ DE CIBULET

DEURES: 15 minuts Temps de cocció: 1 hora 15 minuts
Rendiment: de 4 a 6 porcions

SI HI HA SORRA AL BOLDESPRÉS DE REMULLAR ELS BOLETS SECS, QUE ÉS PROBABLE QUE HI ESTIGUIN PRESENTS, COLEU EL LÍQUID A TRAVÉS D'UNA GASA DE DOBLE GRUIX COL·LOCADA EN UN COLADOR DE MALLA FINA.

- 1 unça de bolets secs o pastanagues
- 1 tassa d'aigua bullint
- De 2 a 2 ½ lliures de baquets i cuixes de pollastre, sense pell
- Pebre negre
- 2 cullerades d'oli d'oliva
- 2 porros mitjans, tallats a la meitat longitudinalment, rentats i tallats a rodanxes fines
- 2 xampinyons portobello, tallats a rodanxes
- 8 unces de bolets d'ostra frescos, tallats i tallats a rodanxes, o bolets frescos, tallats a rodanxes
- ¼ tassa de pasta de tomàquet sense sal
- 1 culleradeta de marduix sec, picat
- ½ culleradeta de farigola seca, picada
- ½ tassa de vi negre sec
- 6 tasses de brou d'os de pollastre (vegeu <u>recepta</u>) o brou de pollastre sense sal
- 2 fulles de llorer
- De 2 a 2 ½ lliures de ruda, pelada i picada
- 2 cullerades d'all fresc tallat a tires
- ½ culleradeta de pebre negre

farigola fresca picada (opcional)

1. Combina els bolets de porc i l'aigua bullint en un bol petit; deixar reposar 15 minuts. Retireu els bolets, reservant el líquid de remull. Picar els bolets. Deixeu els bolets i el líquid de remull a un costat.

2. Espolvorear el pollastre amb pebre. En una paella molt gran amb una tapa ben ajustada, escalfeu 1 cullerada d'oli d'oliva a foc mitjà-alt. Fregiu els trossos de pollastre en dos lots en l'oli calent durant uns 15 minuts fins que estiguin lleugerament daurats, girant-los una vegada. Traieu el pollastre de la paella. Afegiu-hi els porros, els bolets portobello i els bolets ostres. coure 4-5 minuts o fins que els bolets comencin a daurar-se, remenant de tant en tant. Afegiu-hi la pasta de tomàquet, la marduix i la farigola; coure i remeneu durant 1 minut. Afegiu-hi vi; coure i remeneu durant 1 minut. Afegiu 3 tasses de brou d'os de pollastre, fulles de llorer, ½ tassa de líquid de remull de bolets reservat i bolets picats rehidratats. Torneu el pollastre a la paella. Porteu a ebullició; reduir la calor. Coure a foc lent, tapat

3. Mentrestant, combineu la remolatxa i les 3 tasses de brou restants en una cassola gran. Si cal, afegiu aigua per cobrir les rutes. Porteu a ebullició; reduir la calor. Cuini a foc lent, sense tapar, durant 25 a 30 minuts, o fins que la ruda estigui tendra, remenant de tant en tant. Escorreu les rutabagues, reservant el líquid. Torneu les rutabagas a l'olla. Afegiu 1 cullerada d'oli d'oliva restant, cebolleta i ½ culleradeta de pebre. Tritureu la barreja de remolatxa en un puré de patates, afegint el líquid de cocció a la consistència desitjada.

4. Traieu les fulles de llorer de la barreja de pollastre; llençar Serviu el pollastre i la salsa sobre el puré de patates. Espolvorear amb farigola fresca si ho desitja.

BAQUETES DE BRANDY DE PRÉSSEC

DEURES:30 minuts a la graella: 40 minuts Rendiment: 4 racions

AQUESTS PEUS DE POLLASTRE SÓN PERFECTESAMB AMANIDA CRUIXENT I PATATES FREGIDES DE MONIATO FREGIDES PICANTS SEGONS LA RECEPTA D'ESPATLLA DE PORC TUNISIANA ESPECIADA (VEGEU<u>RECEPTA</u>). ES MOSTRA AQUÍ AMB AMANIDA DE COL RIZADA CRUIXENT AMB RAVE, MANGO I MENTA (VEGEU<u>RECEPTA</u>).

GLAÇAT DE PRÉSSEC I BRANDI
- 1 cullerada d'oli d'oliva
- ½ tassa de ceba picada
- 2 préssecs mitjans frescos, tallats a la meitat, sense pinyol i picats
- 2 cullerades de brandi
- 1 tassa de salsa barbacoa (vegeu<u>recepta</u>)
- 8 cuixes de pollastre (2-2 ½ lliures en total), sense pell si es desitja

1. Per a l'esmalt, escalfeu l'oli d'oliva en una cassola mitjana a foc mitjà. Afegiu la ceba; coure uns 5 minuts o fins que estigui tendre, remenant de tant en tant. Afegiu-hi els préssecs. Tapa i cuini durant 4-6 minuts o fins que els préssecs estiguin tendres, remenant de tant en tant. Afegir brandi; coure, descobert, durant 2 minuts, remenant de tant en tant. Deixeu refredar una mica. Transferiu la barreja de préssec a una batedora o processador d'aliments. Cobrir i remenar o processar fins que estigui suau. Afegiu la salsa barbacoa. Cobrir i

remenar o processar fins que estigui suau. Torneu la salsa a l'olla. Cuini a foc mitjà-baix fins que s'escalfi. Transferiu ¾ de tassa de salsa a un bol petit per arrebossar el pollastre. Mantingueu la salsa restant calenta per servir amb el pollastre a la planxa.

2. Per a la brasa de carbó, col·loqueu el carbó al voltant de la paella degoteig a foc mitjà. Proveu-ho a foc mitjà en una safata de goteig. Col·loqueu les cuixes de pollastre a la planxa a la paella. Tapeu i a la graella de 40 a 50 minuts o fins que el pollastre ja no estigui rosat (175 °F), girant-lo una vegada a la meitat del rostit i remenant amb ¾ de tassa de glaçat de brandi i préssec els últims 5 minuts. 10 minuts de cocció. (Si utilitzeu una graella de gas, preescalfeu la graella. Reduïu el foc a mitjà. Poseu el foc a indirecte. Afegiu les cuixes de pollastre a la graella. Tapeu i cuini segons les instruccions).

POLLASTRE MARINAT A XILE AMB AMANIDA DE MANGO I MELÓ

DEURES: 40 minuts refrigeració/marinat: 2-4 hores a la planxa: 50 minuts Rendiment: 6-8 porcions

ANCHO CHILI ÉS UN POBLANO SEC– UN XILE VERD FOSC BRILLANT I AMB UN SABOR INTENSAMENT FRESC. ELS XILES ANCHOS TENEN UN SABOR LLEUGERAMENT AFRUITAT AMB TOCS DE PRUNES O PANSES I NOMÉS UN TOC D'AMARGOR. EL XILI DE NOU MÈXIC POT SER MODERADAMENT CALENT. AQUESTS SÓN ELS XILES DE COLOR VERMELL INTENS QUE ES VEUEN AGRUPATS I PENJATS EN RISTROS, ARRANJAMENTS ACOLORITS DE XILES SECS, EN ALGUNES PARTS DEL SUD-OEST.

POLLASTRE
- 2 xiles secs de Nou Mèxic
- 2 chiles anchos secs
- 1 tassa d'aigua bullint
- 3 cullerades d'oli d'oliva
- 1 ceba dolça gran, pelada i tallada a rodanxes gruixudes
- 4 tomàquets Roma, sense pinyol
- 1 cullerada d'all picat (6 grans)
- 2 culleradetes de comí mòlt
- 1 culleradeta d'orenga seca, picada
- 16 cuixes de pollastre

AMANIDA
- 2 tasses de meló tallat a daus
- 2 tasses de melassa a daus

2 tasses de mango tallat a daus
¼ tassa de suc de llima fresc
1 culleradeta de xili en pols
½ culleradeta de comí mòlt
¼ tassa de coriandre fresc, picat

1. Per al pollastre, traieu les tiges i les llavors dels pebrots secs de Nou Mèxic i anchos. Escalfeu una paella gran a foc mitjà. Fregiu els xiles a la paella durant 1-2 minuts o fins que estiguin fragants i lleugerament daurats. Col·loqueu els xiles rostits en un bol petit; afegir aigua bullint al bol. Deixeu reposar almenys 10 minuts o fins que estigui llest per utilitzar.

2. Escalfeu la graella. Folreu una safata de forn amb paper d'alumini; Repartiu 1 cullerada d'oli d'oliva sobre el paper d'alumini. Disposeu les rodanxes de ceba i els tomàquets a la paella. Grill a uns 4 polzades del foc durant 6 a 8 minuts o fins que estiguin tendres i carbonitzats. Escorreu els xiles, reservant l'aigua.

3. Per a l'adob, barregeu el xile, la ceba, els tomàquets, l'all, el comí i l'orenga en una batedora o processador d'aliments. Cobrir i barrejar o processar fins que estigui suau, afegint aigua reservada segons sigui necessari per aconseguir la consistència desitjada.

4. Col·loqueu el pollastre en una bossa de plàstic gran que es pot tancar en un plat poc profund. Aboqueu la marinada sobre el pollastre de la bossa, donant la volta a la bossa per cobrir uniformement. Marinar a la nevera durant 2-4 hores, girant la bossa de tant en tant.

5. Per a l'amanida, en un bol extra gran, combineu el meló, la melassa, el mango, el suc de llima, les 2 cullerades soperes d'oli d'oliva, el xile en pols, el comí i el coriandre. Posa't un abric de pell. Tapa i refreda durant 1-4 hores.

6. Per a la brasa de carbó, col·loqueu el carbó al voltant de la paella degoteig a foc mitjà. Proveu-ho a foc mitjà en una paella. Escorreu el pollastre, deixeu la marinada. Col·loqueu el pollastre a la graella sobre la paella de degoteig. Pinteu el pollastre abundantment amb una mica de la marinada reservada (descarteu qualsevol marinada addicional). Tapeu i grill durant 50 minuts o fins que el pollastre ja no estigui rosat (175 °F), girant una vegada a la meitat de la graella. (Si utilitzeu una graella de gas, preescalfeu la graella. Reduïu el foc a mitjà. Poseu-lo a la graella indirecta. Continueu segons les instruccions, col·locant el pollastre al cremador sense encendre.) Serviu les cuixes de pollastre amb amanida.

CUIXES DE POLLASTRE A L'ESTIL TANDOORI AMB RAITA DE COGOMBRE

DEURES: 20 minuts Marinar: de 2 a 24 hores A la planxa: 25 minuts Rendiment: 4 porcions

LA RAITA ESTA FETA AMB ANACARDS.NATA, SUC DE LLIMONA, MENTA, CORIANDRE I COGOMBRE. PROPORCIONA UN CONTRAPUNT REFRESCANT AL POLLASTRE PICANT I PICANT.

POLLASTRE
- 1 ceba, tallada a rodanxes fines
- 1 peça de gingebre fresc de 2 polzades, pelat i tallat a quarts
- 4 grans d'all
- 3 cullerades d'oli d'oliva
- 2 cullerades de suc de llimona fresc
- 1 culleradeta de comí mòlt
- 1 culleradeta de cúrcuma mòlta
- ½ culleradeta de pebre de Jamaica mòlt
- ½ culleradeta de canyella mòlta
- ½ culleradeta de pebre negre
- ¼ culleradeta de pebre de caiena
- 8 cuixes de pollastre

RAITA DE COGOMBRE
- 1 tassa de crema d'anacard (vegeu<u>recepta</u>)
- 1 cullerada de suc de llimona fresc
- 1 cullerada de menta fresca picada
- 1 cullerada de coriandre fresc tallat a tires

½ culleradeta de comí mòlt
⅛ culleradeta de pebre negre
1 cogombre mitjà, pelat, pelat i tallat a daus (1 tassa)
Rodalles de llimona

1. Combina la ceba, el gingebre, l'all, l'oli d'oliva, el suc de llimona, el comí, la cúrcuma, el pebre de Jamaica, la canyella, el pebre negre i la caiena en una batedora o processador d'aliments. Cobrir i remenar o processar fins que estigui suau.

2. Amb la punta d'un ganivet, perfora cada cama quatre o cinc vegades. Col·loqueu les baquetes en una bossa de plàstic gran que es pot tancar en un bol gran. Afegiu la barreja de ceba; al seu torn, marinar a la nevera de 2 a 24 hores, girant la bossa de tant en tant.

3. Escalfeu la graella. Traieu el pollastre de la marinada. Netegeu l'excés de marinada de les baquetes amb tovalloles de paper. Col·loqueu les baquetes en una safata de forn sense escalfar o a la reixeta d'una safata de forn folrada amb paper d'alumini. Grill de 6 a 8 polzades de la font de calor durant 15 minuts. Gireu les cames; Cuini durant uns 10 minuts o fins que el pollastre ja no estigui rosat (175 °F).

4. En un bol mitjà, barregeu la crema d'anacard, el suc de llima, la menta, el coriandre, el comí i el pebre negre. Incorporeu suaument el cogombre.

5. Serviu el pollastre amb raita i rodanxes de llimona.

ESTOFAT DE POLLASTRE AL CURRI AMB ARREL, ESPARRECS I ESPECIES DE MENTA DE POMA VERDA

DEURES:30 minuts de cocció: 35 minuts de descans: 5 minuts
Rendiment: 4 racions

- 2 cullerades d'oli de coco refinat o oli d'oliva
- 2 lliures de pits de pollastre sense pell amb ossos, si es desitja
- 1 tassa de ceba picada
- 2 cullerades de gingebre fresc ratllat
- 2 cullerades d'all picat
- 2 cullerades de curri en pols sense sal
- 2 cullerades de jalapeños picats i sense llavors (vegeu_inclinació_)
- 4 tasses de brou d'os de pollastre (vegeu_recepta_) o brou de pollastre sense sal
- 2 moniatos mitjans (aproximadament 1 lliura), pelats i tallats a daus
- 2 naps mitjans (unes 6 unces), pelats i picats
- 1 tassa de tomàquets, sense llavors i tallats a daus
- 8 unces d'espàrrecs, tallats i tallats en trossos d'1 polzada
- 1 llauna de 13,5 oz de llet de coco natural (com ara Nature's Way)
- ½ tassa de coriandre fresc, tallat a tires
- Salsa de poma i menta (vegeu_recepta_, d'acord amb)
- Rodalles de llimona

1. Escalfeu oli en un forn holandès de 6 quarts a foc mitjà-alt. Fregiu el pollastre en oli calent per lots fins que estigui daurat uniformement, uns 10 minuts. Transferiu el pollastre al plat; posposar

2. Gireu el foc a mitjà. Afegiu la ceba, el gingebre, l'all, el curri en pols i el jalapeño a l'olla. Cuinar i remenar durant 5 minuts o fins que la ceba es suavitzi. Afegiu el brou d'os de pollastre, els moniatos, els naps i els tomàquets. Torneu els trossos de pollastre a l'olla per absorbir el màxim de líquid possible. Reduïu el foc a mitjà-baix. Tapeu i cuini a foc lent durant 30 minuts o fins que el pollastre ja no estigui rosat i les verdures estiguin tendres. Afegiu-hi els espàrrecs, la llet de coco i el coriandre. Retirar del foc. Deixeu reposar 5 minuts. Si cal, retalleu el pollastre dels ossos per distribuir-lo uniformement entre els bols de servir. Serviu-ho amb salsa de poma i menta i rodanxes de llima.

Salsa de poma a la menta: en un processador d'aliments, tritureu ½ tassa de flocs de coco sense sucre fins a obtenir una pols. Afegiu 1 tassa de fulles de coriandre fresques i cuini al vapor; 1 tassa de fulles de menta fresca; 1 poma Granny Smith, pelada i picada; 2 culleradetes de jalapeño picat i sense llavors (vegeu inclinació), i 1 cullerada de suc de llimona fresc. Premeu fins que estigui ben picat.

AMANIDA PAILLARD DE POLLASTRE A LA PLANXA AMB GERDS, REMOLATXA I AMETLLES TORRADES

DEURES: 30 minuts Torrat: 45 minuts Marinat: 15 minuts Grill: 8 minuts Rendiment: 4 porcions

- ½ tassa d'ametlles senceres
- 1½ culleradetes d'oli d'oliva
- 1 remolatxa vermella mitjana
- 1 remolatxa daurada mitjana
- 2 meitats de pit de pollastre de 6 a 8 unces sense pell
- 2 tasses de gerds frescos o congelats, descongelats
- 3 cullerades de vinagre de vi negre o blanc
- 2 cullerades d'estragó fresc tallat a tires
- 1 cullerada de cibulet picat
- 1 culleradeta de mostassa a l'estil de Dijon (vegeu<u>recepta</u>)
- ¼ tassa d'oli d'oliva
- Pebre negre
- 8 tasses de verdures barrejades

1. Per a les ametlles, preescalfeu el forn a 400 ° F. Repartiu les ametlles en una safata de forn petita i regeix amb ½ culleradeta d'oli d'oliva. Coure al forn uns 5 minuts o fins que estigui fragant i daurat. Deixeu refredar. (Les ametlles es poden torrar fins a 2 dies d'antelació i emmagatzemar-les en un recipient hermètic).

2. Per a les remolatxes, col·loqueu cada remolatxa sobre un tros petit de paper d'alumini i regeix-ho amb ½ culleradeta d'oli d'oliva. Emboliqueu les remolatxes sense problemes amb paper d'alumini i col·loqueu-les en una safata de forn o en una safata per al forn. Rostir les remolatxes al forn a 400 ° F durant 40-50 minuts o

fins que estiguin tendres quan es travessen amb un ganivet. Retirar del forn i deixar reposar fins que estigui prou fred per utilitzar-lo. Traieu la pell amb un ganivet de cuina. Talleu les remolatxes i reserveu-les. (Intenta no barrejar les remolatxes perquè les remolatxes vermelles no taquin les remolatxes daurades. Les remolatxes es poden cuinar 1 dia abans i refrigerar-les. Porteu-les a temperatura ambient abans de servir-les.)

3. Per al pollastre, talleu cada pit de pollastre per la meitat horitzontalment. Col·loqueu cada tros de pollastre entre dos trossos d'embolcall de plàstic. Bateu suaument amb un mall de carn fins a aproximadament una polzada de gruix. Col·loqueu el pollastre en un plat poc profund i reserveu-lo.

4. Per a la vinagreta, en un bol gran, tritureu lleugerament ¾ de tassa de gerds amb una batedora (reserveu la resta de gerds per a l'amanida). Afegiu vinagre, estragó, escalunyes i mostassa a l'estil de Dijon; batre per barrejar. Afegiu ¼ de tassa d'oli d'oliva en un raig prim, remenant per barrejar bé. Aboqui ½ tassa de vinagreta sobre el pollastre; donar la volta al pollastre per cobrir (reservar la vinagreta restant per a l'amanida). Deixeu marinar el pollastre a temperatura ambient durant 15 minuts. Traieu el pollastre de la marinada i empolvoreu-ho amb pebre; descartar la marinada restant al recipient.

5. Per a la brasa de carbó o gas, poseu el pollastre a la graella directa a foc mitjà. Tapeu i feu a la planxa durant 8-10 minuts o fins que el pollastre ja no estigui rosat,

girant-lo una vegada a la meitat de la graella. (El pollastre també es pot fer a la planxa en una paella.)

6. En un bol gran, combineu l'enciam, la remolatxa i 1¼ tasses de gerds restants. Aboqui la vinagreta reservada sobre l'amanida; remenar suaument per cobrir. Dividiu l'amanida entre quatre plats de servir; pit de pollastre a la planxa a cadascun. Talleu les ametlles torrades a trossos grans i espolvoreu-les per sobre. Serviu immediatament.

PITS DE POLLASTRE FARCITS DE BRÒQUIL AMB SALSA DE TOMÀQUET FRESCA I AMANIDA CÈSAR

DEURES: 40 minuts Temps de cocció: 25 minuts Rendiment: 6 racions

- 3 cullerades d'oli d'oliva
- 2 culleradetes d'all picat
- ¼ culleradeta de pebre vermell mòlt
- 1 lliura de bròquil raab, tallat i triturat
- ½ tassa de panses daurades sense sal
- ½ tassa d'aigua
- 4 meitats de pit de pollastre desossats i sense pell, 5-6 oz
- 1 tassa de ceba picada
- 3 tasses de tomàquets picats
- ¼ tassa d'alfàbrega fresca picada
- 2 culleradetes de vinagre de vi negre
- 3 cullerades de suc de llimona fresc
- 2 cullerades de Paleo Mayo (vegeu recepta)
- 2 culleradetes de mostassa a l'estil de Dijon (vegeu recepta)
- 1 culleradeta d'all picat
- ½ culleradeta de pebre negre
- ¼ tassa d'oli d'oliva
- 10 tasses d'enciam romaní picat

1. Escalfeu 1 cullerada d'oli d'oliva en una paella gran a foc mitjà-alt. Afegiu-hi l'all i el pebrot vermell picat; coure i remeneu durant 30 segons o fins que estigui fragant. Afegiu el bròquil picat, les panses i ½ tassa d'aigua. Cobrir i coure durant uns 8 minuts o fins que el bròquil estigui tendre. Traieu la tapa de la paella; deixar que s'evapori l'excés d'aigua. Posposar.

2. Per als rotllos, talleu cada pit de pollastre per la meitat longitudinalment; col·loqueu cada peça entre dos trossos d'embolcall de plàstic. Utilitzant el costat pla d'un mall de carn, piqueu lleugerament el pollastre fins a aproximadament ¼ de polzada de gruix. Col·loqueu aproximadament ¼ de tassa de barreja de bròquil raab en un dels extrems curts de cada rotllo; enrotlleu, doblegueu cap a un costat per cobrir completament el farcit. (Els wraps es poden fer 1 dia abans i refrigerar fins que estiguin llestos.)

3. Escalfeu 1 cullerada d'oli d'oliva en una paella gran a foc mitjà-alt. Col·loqueu els rotllos junts, amb la costura cap avall. Coure uns 8 minuts o fins que estigui daurat per tots els costats, donant-li dues o tres voltes durant la cocció. Transferiu els rotllos a un plat.

4. Per a la salsa, escalfeu 1 cullerada de l'oli d'oliva restant en una paella a foc mitjà. Afegiu la ceba; coure uns 5 minuts o fins que estigui translúcid. Afegiu-hi els tomàquets i l'alfàbrega. Poseu els rotllets a sobre de la salsa a la paella. Porteu a ebullició a foc mitjà-alt; reduir la calor. Tapeu i deixeu-ho coure a foc lent durant uns 5 minuts o fins que els tomàquets es comencin a dividir però encara mantenen la seva forma i els rotllos s'escalfen.

5. Per a l'amaniment, barregeu el suc de llimona, la maionesa paleo, la mostassa a l'estil de Dijon, l'all i el pebre negre en un bol petit. Remou amb ¼ de tassa d'oli d'oliva, batre fins que s'emulsioni. En un bol gran, tireu el condiment amb l'enciam romà picat. Per servir,

dividiu l'enciam romaní entre sis plats de servir. Talleu els rotllets i poseu-los a sobre de l'enciam romaní; aboqueu-hi salsa de tomàquet.

EMBOLCALLS DE SHAWARMA DE POLLASTRE A LA PLANXA AMB VERDURES CONDIMENTADES I SALSA DE PINYONS

DEURES:20 minuts Marinar: 30 minuts A la brasa: 10 minuts
Produeix: 8 rotllos (4 porcions)

- 1 ½ lliures de pits de pollastre desossats i sense pell, tallats en trossos de 2 polzades
- 5 cullerades d'oli d'oliva
- 2 cullerades de suc de llimona fresc
- 1¾ culleradeta de comí mòlt
- 1 culleradeta d'all picat
- 1 culleradeta de pebre vermell
- ½ culleradeta de curri en pols
- ½ culleradeta de canyella mòlta
- ¼ culleradeta de pebre de caiena
- 1 carbassó mitjà, tallat per la meitat
- 1 albergínia petita, tallada a rodanxes de ½ polzada
- 1 pebrot groc gran, tallat a la meitat i sense cor
- 1 ceba vermella mitjana, tallada a quarts
- 8 tomàquets cherry
- 8 fulles grans d'enciam mantega
- Salsa de pinyons rostides (vegeu<u>recepta</u>)
- Rodalles de llimona

1. Per a la marinada, barregeu 3 cullerades d'oli d'oliva, suc de llimona, 1 culleradeta de comí, all, ½ culleradeta de pebre vermell, curri en pols, ¼ de culleradeta de canyella i pebre de caiena en un bol petit. Col·loqueu els trossos de pollastre en una bossa de plàstic gran

que es pot tancar en un plat poc profund. Aboqui la marinada sobre el pollastre. Tanca la bossa; convertir la bossa en un abric. Marinar a la nevera durant 30 minuts, girant la bossa de tant en tant.

2. Retireu el pollastre de la marinada; descartar la marinada. Enfileu el pollastre a quatre broquetes llargues.

3. Col·loqueu el carbassó, l'albergínia, el pebrot i la ceba a la safata de forn. Regar amb 2 cullerades d'oli d'oliva. Espolvoreu amb ¾ de culleradeta de comí restant, ½ culleradeta de pebre vermell restant i ¼ de culleradeta de canyella restant; Frega lleugerament les verdures. Enfileu els tomàquets a dues broquetes.

3. Col·loqueu les broquetes de pollastre i tomàquet i les verdures a una graella de carbó o de gas a foc mitjà. Tapeu i grill fins que el pollastre ja no estigui rosat i les verdures estiguin lleugerament carbonitzades i cruixents, girant una vegada. Deixeu 10-12 minuts per al pollastre, 8-10 minuts per a les verdures, 4 minuts per als tomàquets.

4. Retireu el pollastre de les broquetes. Tritureu el pollastre i talleu el carbassó, l'albergínia i el pebrot dolç a trossos petits. Traieu els tomàquets de les broquetes (no piqueu). Col·loqueu el pollastre i les verdures en un plat. A l'hora de servir, repartiu el pollastre i les verdures sobre una fulla d'enciam; regeix amb salsa de pinyons torrats. Serviu amb rodanxes de llimona.

PITS DE POLLASTRE FREGITS AMB BOLETS, PURÉ D'ALLS DE COLIFLOR I ESPÀRRECS ROSTITS

COMENÇAR A ACABAR:Rendiment de 50 minuts: 4 racions

- 4 Meitats de pit de pollastre amb os de 10 a 12 unces, sense pell
- 3 tasses de bolets blancs petits
- 1 tassa de porros o ceba groga picats finament
- 2 tasses de brou d'os de pollastre (vegeu<u>recepta</u>) o brou de pollastre sense sal
- 1 tassa de vi blanc sec
- 1 manat gran de farigola fresca
- Pebre negre
- vinagre de vi blanc (opcional)
- 1 cap de coliflor, dividida en floretes
- 12 grans d'all, pelats
- 2 cullerades d'oli d'oliva
- Pebre blanc o caiena
- 1 lliura d'espàrrecs, picats
- 2 culleradetes d'oli d'oliva

1. Preescalfeu el forn a 400 ° F. Col·loqueu els pits de pollastre en un 3-qt. forma rectangular de cocció; damunt amb bolets i porros. Aboqueu el brou d'os de pollastre i el vi sobre el pollastre i les verdures. Damunt amb farigola i espolvorear amb pebre negre. Cobriu el plat amb paper d'alumini.

2. Coure al forn durant 35-40 minuts o fins que un termòmetre de lectura instantània inserit al pollastre registri 170 ° F. Traieu i descarteu les branques de

farigola. Si ho desitgeu, condimenteu el líquid d'estofat amb un raig de vinagre abans de servir.

2. Mentrestant, coure la coliflor i els alls en una olla gran d'aigua bullint per cobrir-los durant uns 10 minuts o fins que estiguin ben toves. Escorreu la coliflor i els alls, reservant 2 cullerades del líquid de cocció. Col·loqueu la coliflor i el líquid de cocció reservat en un processador d'aliments o un bol gran. Processar fins que estigui suau* o triturar amb un puré de patates; afegiu-hi 2 cullerades d'oli d'oliva i amaniu-ho amb pebre blanc al gust. Mantenir calent fins que estigui llest per servir.

3. Col·loqueu els espàrrecs en una sola capa a la safata de forn. Ruixeu-ho amb 2 culleradetes d'oli d'oliva i tireu-ho per cobrir. Espolvorear amb pebre negre. Torrar al forn a 400 ° F durant uns 8 minuts o fins que estigui cruixent, remenant una vegada.

4. Reparteix el puré de coliflor entre sis plats de servir. Damunt amb el pollastre, els bolets i els porros. Raig amb una mica del líquid de la brasa; servir amb espàrrecs rostits.

*Nota: si feu servir un processador d'aliments, aneu amb compte de no processar massa o la coliflor quedarà massa fina.

SOPA TAILANDESA DE POLLASTRE

DEURES: Refrigeració 30 minuts: Cocció 20 minuts: 50 minuts
Rendiment: 4-6 porcions

EL TAMARIND ÉS UNA FRUITA AMARGA I ALMESCS'UTILITZA A LA CUINA ÍNDIA, TAILANDESA I MEXICANA. MOLTES PASTES DE TAMARIND PREPARADES COMERCIALMENT CONTENEN SUCRE; ASSEGURA'T D'ACONSEGUIR-NE UN QUE NO EL TINGUI. LES FULLES DE LLIMA KAFFIR ES PODEN TROBAR FRESQUES, CONGELADES I SEQUES A MOLTS MERCATS ASIÀTICS. SI NO ELS TROBEU, SUBSTITUÏU LES FULLES D'AQUESTA RECEPTA PER 1½ CULLERADETES DE RATLLADURA DE LLIMA FINAMENT RATLLADA.

- 2 tiges de llimona, picades
- 2 cullerades d'oli de coco sense refinar
- ½ tassa de ceba tallada a rodanxes fines
- 3 grans d'all ben picats
- 8 tasses de brou d'os de pollastre (vegeu<u>recepta</u>) o brou de pollastre sense sal
- ¼ tassa de pasta de tamarind sense sucre (com la marca Tamicon)
- 2 cullerades volen flocs
- 3 xiles tailandesos frescos, tallats a rodanxes fines amb les llavors intactes (vegeu<u>inclinació</u>)
- 3 fulles de llima kaffir
- 1 peça de gingebre de 3 polzades, a rodanxes fines
- 4 meitats de pit de pollastre sense pell de 6 unces
- 1 llauna de 14,5 unces de tomàquets rostits al foc sense sal, tallats a daus, sense escórrer

6 unces d'espàrrecs petits, tallats i tallats a rodanxes fines en diagonal en trossos de ½ polzada

½ tassa de fulles d'alfàbrega tailandesa envasades (vegeu<u>Nota</u>)

1. Aixafeu les tiges de llimona prement amb força amb el dors del ganivet. Piqueu finament les tiges contusions.

2. Escalfeu l'oli de coco al forn holandès a foc mitjà. Afegiu llimona i cibulet; coure durant 8-10 minuts, remenant sovint. Afegir all; coure i remeneu durant 2-3 minuts o fins que estigui ben fragant.

3. Afegiu el brou d'os de pollastre, la pasta de tamarind, els flocs de nori, els xiles, les fulles de llima i el gingebre. Porteu a ebullició; reduir la calor. Tapar i coure a foc lent durant 40 minuts.

4. Mentrestant, congela el pollastre durant 20-30 minuts o fins que estigui ferm. Talleu el pollastre a rodanxes fines.

5. Colar la sopa a través d'un colador de malla fina en una olla gran, prement amb el dors d'una cullera gran per deixar anar els sabors. Descartar els sòlids. Bullir la sopa. Afegiu-hi el pollastre, els tomàquets secs, els espàrrecs i l'alfàbrega. Reduir el foc; Cuini a foc lent, descobert, 2-3 minuts o fins que el pollastre estigui cuit. Serviu immediatament.

POLLASTRE A LA PLANXA AMB LLIMONA I SÀLVIA AMB ESCAROLA

DEURES: 15 minuts rostit: 55 minuts descans: 5 minuts
Rendiment: 4 racions

RODALLES DE LLIMONA I FULLA DE SÀLVIA.COL·LOCAT SOTA LA PELL DEL POLLASTRE, AROMATITZA LA CARN MENTRE ES CUINA I CREA UN DISSENY ATRACTIU SOTA LA PELL CRUIXENT I OPACA QUAN SURT DEL FORN.

- 4 meitats de pit de pollastre amb ossos (amb pell)
- 1 llimona, tallada a rodanxes molt fines
- 4 fulles grans de sàlvia
- 2 culleradetes d'oli d'oliva
- 2 culleradetes d'espècies mediterrànies (vegeu recepta)
- ½ culleradeta de pebre negre
- 2 cullerades d'oli d'oliva verge extra
- 2 escalunyes, picades
- 2 grans d'all picats
- 4 caps d'escarola, tallats a la meitat longitudinalment

1. Preescalfeu el forn a 400 ° F. Amb un ganivet, afluixeu amb cura la pell de cada costat de la costella, deixant que s'enganxi a un costat. Tapeu cada pit amb 2 rodanxes de llimona i 1 fulla de sàlvia. Estireu suaument la pell al seu lloc i premeu suaument per assegurar-la.

2. Col·loqueu el pollastre en una safata poc profunda. Pinteu el pollastre amb 2 culleradetes d'oli d'oliva; espolvorear amb condiment mediterrani i ¼ de

culleradeta de pebre. Grill sense tapar durant uns 55 minuts, o fins que la pell estigui daurada i cruixent i un termòmetre de lectura instantània inserit al pollastre registre 170 ° F. Deixeu reposar el pollastre durant 10 minuts abans de servir.

3. Mentrestant, escalfeu 2 cullerades d'oli d'oliva en una paella gran a foc mitjà. Afegiu escalunyes; coure durant uns 2 minuts o fins que estigui translúcid. Espolseu les escaroles amb la resta de ¼ de culleradeta de pebre. Afegiu l'all a la paella. Col·loqueu l'escarola a la paella, tallant els costats cap avall. Coure al forn uns 5 minuts o fins que estigui daurat. Gireu l'escarola amb cura; coure 2-3 minuts més o fins que estigui tendre. Servir amb pollastre.

POLLASTRE AMB CEBA, CRÉIXENS I RAVE

DEURES:Cocció 20 minuts: Cocció 8 minuts: 30 minuts
Rendiment: 4 porcions

ENCARA QUE PUGUI SEMBLAR ESTRANY CUINAR RAVES,AQUÍ AMB PROU FEINES ES CUINEN, PROU PER SUAVITZAR LA MOSSEGADA PICANT I SUAVITZAR UNA MICA.

- 3 cullerades d'oli d'oliva
- 4 meitats de pit de pollastre amb ossos (amb pell), 10-12 unces
- 1 cullerada de condiment d'herbes de llimona (vegeu recepta)
- ¾ tassa de ceba tallada a rodanxes
- 6 raves, a rodanxes fines
- ¼ culleradeta de pebre negre
- ½ tassa de vermut blanc sec o vi blanc sec
- ⅓ tassa de crema d'anacard (vegeu recepta)
- 1 ram de créixens, tiges tallades i trossejades
- 1 cullerada d'anet fresc, tallat a tires

1. Preescalfeu el forn a 350 ° F. Escalfeu oli d'oliva en una paella gran a foc mitjà-alt. Assecar el pollastre amb una tovallola de paper. Cuini la pell del pollastre cap avall durant 4-5 minuts o fins que la pell estigui daurada i cruixent. Doneu la volta al pollastre; coure uns 4 minuts o fins que estigui daurat. Col·loqueu el pollastre, amb la pell cap amunt, en un plat de forn poc profund. Espolseu el condiment d'herbes de llimona sobre el pollastre. Coure al forn durant uns 30 minuts o fins que

un termòmetre de lectura instantània inserit al pollastre registri 170 ° F.

2. Mentrestant, aboqueu tot el greix de la paella menys 1 cullerada; Escalfeu la paella. Afegiu-hi el cibulet i els raves; coure durant uns 3 minuts o fins que la ceba estigui marcida. Espolvorear amb pebre. Afegiu el vermut, remenant per trencar qualsevol trosset marró. Porteu a ebullició; coure fins que redueixi i espesseixi una mica. Afegiu la crema d'anacard; bullir. Retireu la paella del foc; afegir els créixens i l'anet, remenar suaument fins que es marqui. Aboqueu tots els sucs de pollastre que s'han acumulat a la safata.

3. Dividiu la barreja de ceba entre quatre plats de servir; a sobre amb pollastre.

POLLASTRE TIKKA MASALA

DEURES: 30 minuts Marinar: 4-6 hores Cocció: 15 minuts Grill: 8 minuts Rendiment: 4 porcions

ES VA INSPIRAR EN UN PLAT INDI MOLT POPULAR. QUE POTSER NO S'HA CREAT EN ABSOLUT A L'ÍNDIA, PERÒ SÍ EN UN RESTAURANT INDI AL REGNE UNIT. EL POLLASTRE TIKKA MASALA TRADICIONAL DEMANA QUE EL POLLASTRE SIGUI MARINAT AMB IOGURT I CUINAT AMB UNA SALSA DE TOMÀQUET PICANT COBERTA AMB NATA. SENSE LÀCTICS PER DILUIR EL SABOR DE LA SALSA, AQUESTA OPCIÓ ÉS SÚPER NETA. EN LLOC D'ARRÒS, SE SERVEIX SOBRE FIDEUS DE CARBASSÓ CRUIXENT.

- 1½ lliures de cuixes de pollastre desossades o meitats de pit de pollastre
- ¾ tassa de llet de coco normal (com Nature's Way)
- 6 grans d'all picats
- 1 cullerada de gingebre fresc ratllat
- 1 cullleradeta de coriandre mòlt
- 1 culleradeta de pebre vermell
- 1 culleradeta de comí mòlt
- ¼ culleradeta de cardamom mòlt
- 4 cullerades d'oli de coco refinat
- 1 tassa de pastanagues picades
- 1 api picat finament
- ½ tassa de ceba picada
- 2 pebrots jalapeños o serranos, sense pinyol (si es desitja) i picats finament (vegeu inclinació)
- 1 llauna de 14,5 unces de tomàquets rostits al foc sense sal, tallats a daus, sense escórrer

1 llauna de 8 unces de salsa de tomàquet sense sal afegit
1 culleradeta de garam masala sense sal
3 carbassons mitjans
½ culleradeta de pebre negre
fulles fresques de coriandre

1. Si utilitzeu cuixes de pollastre, talleu cada cuixa en tres trossos. Si utilitzeu meitats de pit de pollastre, talleu cada meitat de pit en trossos de 2 polzades, tallant les parts gruixudes per la meitat horitzontalment per fer-les més primes. Col·loqueu el pollastre en una bossa de plàstic gran que es pot tancar; posposar Per a la marinada, combineu ½ tassa de llet de coco, all, gingebre, coriandre, pebre vermell, comí i cardamom en un bol petit. Aboqueu la marinada sobre el pollastre de la bossa. Tanqueu la bossa i doneu la volta al pollastre. Col·loqueu la bossa en un bol mitjà; marinar a la nevera durant 4-6 hores, girant la bossa de tant en tant.

2. Escalfeu la graella. Escalfeu 2 cullerades d'oli de coco en una paella gran a foc mitjà. Afegiu pastanagues, api i ceba; coure 6-8 minuts o fins que les verdures estiguin tendres, remenant de tant en tant. Afegiu jalapeños; coure i remeneu 1 minut més. Afegiu-hi els tomàquets secs i la salsa de tomàquet. Porteu a ebullició; reduir la calor. Cuini a foc lent, sense tapar, durant uns 5 minuts o fins que la salsa espesseixi una mica.

3. Escorreu el pollastre, descarteu la marinada. Col·loqueu els trossos de pollastre en una sola capa a la reixeta d'una safata de forn sense escalfar. Grill de 5 a 6 polzades del foc durant 8 a 10 minuts o fins que el pollastre ja no estigui rosat, girant-lo a la meitat de la

cocció. Afegiu els trossos de pollastre cuit i la resta de ¼ tassa de llet de coco a la barreja de tomàquet a la paella. Cuini durant 1 o 2 minuts o fins que s'escalfi. Retirar del foc; afegir garam masala.

4. Talleu els extrems del carbassó. Talleu el carbassó a tires llargues i fines amb un tallador en juliana. En una paella molt gran, escalfeu les 2 cullerades d'oli de coco restants a foc mitjà. Afegiu-hi les tires de carbassó i el pebre negre. Cuini i remeneu durant 2-3 minuts o fins que el carbassó estigui tendre i cruixent.

5. Per servir, divideix el carbassó en quatre plats de servir. A sobre amb la barreja de pollastre. Decoreu amb fulles de coriandre.

CUIXES DE POLLASTRE RAS EL HANOUT

DEURES: 20 minuts Temps de cocció: 40 minuts Rendiment: 4 porcions

RAS EL HANOUT ÉS UN COMPLEXI UNA BARREJA D'ESPÈCIES MARROQUINES EXÒTIQUES. LA FRASE SIGNIFICA "GERENT DE LA BOTIGA" EN ÀRAB, EL QUE SIGNIFICA QUE ÉS UNA BARREJA ÚNICA DE LES MILLORS ESPÈCIES QUE OFEREIX UN VENEDOR D'ESPÈCIES. NO HI HA UNA RECEPTA FIXA PER A RAS EL HANOUT, PERÒ SOVINT CONTÉ UNA BARREJA DE GINGEBRE, ANÍS, CANYELLA, NOU MOSCADA, GRANS DE PEBRE, CLAU, CARDAMOM, FLORS SEQUES (COM ARA LAVANDA I ROSES), NIGELLA, MACIS, GALANGAL I CÚRCUMA. .

1 cullerada de comí mòlt
2 culleradetes de gingebre mòlt
1½ culleradeta de pebre negre
1½ culleradetes de canyella mòlta
1 culleradeta de coriandre mòlt
1 culleradeta de pebre de caiena
1 culleradeta de pebre de Jamaica mòlt
½ culleradeta de clau mòlta
¼ de culleradeta de nou moscada mòlta
1 culleradeta de fil de safrà (opcional)
4 cullerades d'oli de coco sense refinar
8 cuixes de pollastre amb ossos
1 paquet de 8 unces de bolets frescos, a rodanxes
1 tassa de ceba picada
1 tassa de pebrot vermell, groc o verd picat (1 gran)

4 tomàquets Roma, pelats, sense llavors i picats
4 grans d'all, picats
2 llaunes de 13,5 unces de llet de coco normal (com ara Nature's Way)
3-4 cullerades de suc de llimona fresc
¼ tassa de coriandre fresc picat finament

1. En un morter mitjà ras el hanout o un bol petit, combina comí, gingebre, pebre negre, canyella, coriandre, caiena, pebre de Jamaica, clau, nou moscada i, si ho desitja, safrà. Aixafar amb una maça o remenar amb una cullera per barrejar bé. Posposar.

2. Escalfeu 2 cullerades d'oli de coco en una paella extra gran a foc mitjà. Espolseu 1 cullerada de ras el hanout sobre les cuixes de pollastre. Afegiu el pollastre a la paella; coure durant 5-6 minuts o fins que estigui daurat, donant voltes a la meitat de la cocció. Traieu el pollastre de la paella; mantenint-se calent.

3. A la mateixa paella, escalfeu a foc mitjà les 2 cullerades soperes d'oli de coco restants. Afegiu-hi els bolets, la ceba, el pebrot, els tomàquets i l'all. Coure i remeneu uns 5 minuts o fins que les verdures estiguin tendres. Afegiu la llet de coco, el suc de llima i 1 cullerada de ras el hanout. Torneu el pollastre a la paella. Porteu a ebullició; reduir la calor. Cuini a foc lent, tapat, durant uns 30 minuts o fins que el pollastre estigui tendre (175 °F).

4. Serviu el pollastre, les verdures i la salsa en bols. Decorar amb coriandre.

Nota: Emmagatzemeu les restes de Ras el Hanout en un recipient tapat fins a 1 mes.

CUIXES DE POLLASTRE MARINADES AMB CARAMBOLA SOBRE ESPINACS SALTEJATS

DEURES: 40 minuts Marinar: 4-8 hores Cocció: 45 minuts
Rendiment: 4 porcions

ASSECAR EL POLLASTRE SI CAL.AMB UNA TOVALLOLA DE PAPER DESPRÉS DE SORTIR DE LA MARINADA ABANS DE FREGIR-LA. QUALSEVOL LÍQUID QUE QUEDI A LA CARN ESQUITXARÀ AMB L'OLI CALENT.

- 8 cuixes de pollastre amb ossos (1½ a 2 lliures), sense pell
- ¾ tassa de vinagre blanc o de sidra
- ¾ tassa de suc de taronja fresc
- ½ tassa d'aigua
- ¼ tassa de ceba picada
- ¼ tassa de coriandre fresc, picat
- 4 grans d'all, picats
- ½ culleradeta de pebre negre
- 1 cullerada d'oli d'oliva
- 1 carambola, picada
- 1 tassa de brou d'os de pollastre (vegeu<u>recepta</u>) o brou de pollastre sense sal
- 2 paquets de 9 unces de fulles d'espinacs frescos
- fulles de coriandre fresques (opcional)

1. Posa el pollastre en una olla d'acer inoxidable o esmaltada; posposar En un bol mitjà, combineu el vinagre, el suc de taronja, l'aigua, la ceba, ¼ de tassa de coriandre picat, l'all i el pebre; abocar sobre el pollastre. Cobrir i marinar a la nevera durant 4-8 hores.

2. Porteu la barreja de pollastre a ebullició en una cassola a foc mitjà-alt; reduir la calor. Tapa i cuini a foc lent durant 35-40 minuts o fins que el pollastre ja no estigui rosat (175 °F).

3. Escalfeu l'oli en una paella extragran a foc mitjà-alt. Amb unes pinces, traieu el pollastre del forn holandès, sacsejant suaument per escórrer el líquid de cocció; reservar el líquid de cocció. Doreu el pollastre per tots els costats, girant-lo sovint perquè es dauri uniformement.

4. Mentrestant, coleu el líquid de cocció de la salsa; Tornar al forn holandès. Porta a ebullició. Coure uns 4 minuts per reduir i espessir una mica; afegir carambola; coure 1 minut més. Torneu el pollastre a la salsa al forn holandès. Retirar del foc; cobrir per mantenir-se calent.

5. Netegeu la paella. Aboqueu el brou d'os de pollastre a la paella. Porteu a ebullició a foc mitjà-alt; afegir espinacs. Reduir el foc; coure 1-2 minuts o fins que els espinacs estiguin tendres, remenant constantment. Amb una cullera ranurada, transferiu els espinacs a un plat de servir. Damunt amb pollastre i salsa. Espolvorear amb fulles de coriandre si ho desitja.

TACOS DE POLLASTRE I COL POBLANA AMB CHIPOTLE MAYO

DEURES:Coure al forn durant 25 minuts: 40 minuts Rendiment: 4 porcions

SERVIU AQUESTS TACOS BRUTS PERÒ DELICIOSOSUTILITZEU UNA FORQUILLA PER AGAFAR QUALSEVOL FARCIT QUE CAU DE LA FULLA DE COL MENTRE EL MENGEU.

- 1 cullerada d'oli d'oliva
- 2 pebrots poblanos, sense pinyol (si es vol) i mòlts (vegeu<u>inclinació</u>)
- ½ tassa de ceba picada
- 3 grans d'all picats
- 1 cullerada de xili en pols sense sal
- 2 culleradetes de comí mòlt
- ½ culleradeta de pebre negre
- 1 llauna de 8 unces de salsa de tomàquet sense sal afegit
- ¾ tassa de brou d'os de pollastre (vegeu<u>recepta</u>) o brou de pollastre sense sal
- 1 culleradeta d'orenga mexicana seca, picada
- Entre 1 i 1 ½ lliures de cuixes de pollastre desossades i sense pell
- 10-12 fulles de col mitjanes a grans
- Chipotle Paleo Mayo (vegeu<u>recepta</u>)

1. Preescalfeu el forn a 350 ° F. Escalfeu l'oli en una paella gran apta per al forn a foc mitjà-alt. Afegiu pebrot poblano, ceba i all; coure i remeneu durant 2 minuts. Afegiu el xile en pols, el comí i el pebre negre; coure i

remeneu 1 minut més (reduïu el foc si cal per evitar que es cremin les espècies).

2. Aboqueu a la paella la salsa de tomàquet, el brou d'os de pollastre i l'orenga. Porta a ebullició. Doblegueu amb cura les cuixes de pollastre a la barreja de tomàquet. Tapa la paella amb una tapa. Coure al forn uns 40 minuts o fins que el pollastre estigui tendre (175 °F), girant-lo a la meitat.

3. Retireu el pollastre de la paella; refredar lleugerament. Amb dues forquilles, tritureu el pollastre a trossos petits. Afegiu el pollastre ratllat a la barreja de tomàquet a la paella.

4. Col·loqueu la barreja de pollastre sobre les fulles de col per servir; a sobre amb Chipotle Paleo Mayo.

ESTOFAT DE POLLASTRE AMB PASTANAGA I BOK CHOY

DEURES:Cocció 15 minuts: repòs 24 minuts: 2 minuts
Rendiment: 4 porcions

BABY BOK CHOY ÉS MOLT DELICATI POTS FER MASSA EN POC TEMPS. PER MANTENIR-LO CRUIXENT I FRESC SENSE QUE ESTIGUI SEC O EMPAPAT, COEU EL GUISAT AL VAPOR EN UNA OLLA CALENTA COBERTA (FORA DEL FOC) DURANT NO MÉS DE 2 MINUTS ABANS DE SERVIR.

- 2 cullerades d'oli d'oliva
- 1 porro, tallat a rodanxes (parts blanques i verd clar)
- 4 tasses de brou d'os de pollastre (vegeu recepta) o brou de pollastre sense sal
- 1 tassa de vi blanc sec
- 1 cullerada de mostassa a l'estil de Dijon (vegeu recepta)
- ½ culleradeta de pebre negre
- 1 branca de farigola fresca
- 1¼ lliures de cuixes de pollastre desossades i sense pell, tallades a trossos d'1 polzada
- 8 unces de pastanagues infantils amb la part superior, pelades, retallades i tallades a la meitat longitudinalment o 2 pastanagues mitjanes, tallades a rodanxes longitudinals
- 2 culleradetes de ratlladura de llimona ben ratllada (reserva)
- 1 cullerada de suc de llimona fresc
- 2 caps de baby bok choy
- ½ culleradeta de farigola fresca, picada

1. Escalfeu 1 cullerada d'oli d'oliva en una cassola gran a foc mitjà. Fregiu els porros en oli calent durant 3-4 minuts o fins que estiguin tendres. Afegiu el brou d'os

de pollastre, el vi, la mostassa a l'estil de Dijon, ¼ de culleradeta de pebre i una branca de farigola. Porteu a ebullició; reduir la calor. Coure durant 10-12 minuts o fins que el líquid s'hagi reduït aproximadament un terç. Descarta la branca de farigola.

2. Mentrestant, escalfeu 1 cullerada d'oli d'oliva restant al forn holandès a foc mitjà-alt. Espolseu el pollastre amb la resta de ¼ de culleradeta de pebre. Fregiu en oli calent durant uns 3 minuts o fins que estigui daurat, remenant de tant en tant. Escorreu el greix si cal. Aboqueu amb cura la barreja de brou reduït a l'olla, raspant qualsevol trosset marró; afegir pastanagues. Porteu a ebullició; reduir la calor. Cuini a foc lent, sense tapar, durant 8-10 minuts o fins que les pastanagues estiguin tendres. Afegiu suc de llimona. Talleu el bok choy per la meitat longitudinalment. (Si els caps de bok choy són grans, talleu-los a quarts.) Col·loqueu el bok choy a sobre del pollastre. Tapa i retira del foc; deixar reposar 2 minuts.

3. Serviu el guisat en bols poc profunds. Espolvorear amb ratlladura de llimona i tires de farigola.

POLLASTRE ROSTIT AMB ANACARDS I TARONGES I PEBROT DOLÇ SOBRE EMBOLCALLS D'ENCIAM

COMENÇAR A ACABAR: Dona: de 4 a 6 porcions en 45 minuts

TROBAREU DOS TIPUSOLI DE COCO A LES PRESTATGERIES, REFINAT I VERGE EXTRA O SENSE REFINAR. COM EL SEU NOM INDICA, L'OLI DE COCO VERGE EXTRA S'OBTÉ DE LA PRIMERA PREMSADA DE COCOS FRESCOS I CRUS. AQUESTA ÉS SEMPRE LA MILLOR OPCIÓ PER CUINAR A FOC MITJÀ O MITJÀ-ALT. L'OLI DE COCO REFINAT TÉ UN PUNT DE FUM MÉS ALT, AIXÍ QUE UTILITZEU-LO NOMÉS QUAN COEU A FOC ALT.

- 1 cullerada d'oli de coco refinat
- 1½ a 2 lliures de cuixes de pollastre desossades i sense pell, tallades a tires fines de mida de mossegada
- 3 pebrots vermells, taronges i/o grocs, sense tija, sense llavors i tallats a tires fines
- 1 ceba vermella, tallada a la meitat al llarg i a rodanxes fines
- 1 culleradeta de pell de taronja ratllada finament (reserva)
- ½ tassa de suc de taronja fresc
- 1 cullerada de gingebre fresc mòlt
- 3 grans d'all picats
- 1 tassa d'anacards crus sense sal, torrats i tallats a trossets (vegeu <u>inclinació</u>)
- ½ tassa de ceba verde picada (4)
- 8-10 fulles de mantega o enciam iceberg

1. Escalfeu l'oli de coco en un wok o paella gran a foc fort. Afegiu el pollastre; coure i remeneu durant 2 minuts.

Afegiu els pebrots i la ceba; coure i remeneu durant 2-3 minuts o fins que les verdures comencin a suavitzar-se. Traieu el pollastre i les verdures del wok; mantenint-se calent.

2. Netegeu el wok amb una tovallola de paper. Afegiu el suc de taronja al wok. Coure uns 3 minuts o fins que els sucs bullin i redueixin lleugerament. Afegiu el gingebre i l'all. Cuinar i remenar durant 1 minut. Torneu la barreja de pollastre i pebre al wok. Afegiu-hi la pell de taronja, els anacards i les cebes. Serviu fregits sobre fulles d'enciam.

POLLASTRE VIETNAMITA AMB COCO I LLIMONA

COMENÇAR A ACABAR: Rendiment de 30 minuts: 4 racions

AQUEST CURRI RÀPID DE COCOPOT ESTAR A LA TAULA EN 30 MINUTS DES DEL MOMENT EN QUÈ COMENÇA A MOSSEGAR, EL QUE EL CONVERTEIX EN EL MENJAR PERFECTE PER A UNA NIT DE SETMANA OCUPADA.

- 1 cullerada d'oli de coco sense refinar
- 4 tiges de llimona (només parts pàl·lides)
- 1 paquet de bolets d'ostra de 3,2 unces, picats
- 1 ceba gran, tallada a rodanxes fines, els anells tallats per la meitat
- 1 jalapeño fresc, sense pinyol i picat finament (vegeu inclinació)
- 2 cullerades de gingebre fresc picat
- 3 grans d'all picats
- 1½ lliures de cuixes de pollastre desossades i sense pell, tallades a rodanxes fines i tallades a trossos petits
- ½ tassa de llet de coco normal (com Nature's Way)
- ½ tassa de brou d'os de pollastre (vegeu recepta) o brou de pollastre sense sal
- 1 cullerada de curri vermell sense sal en pols
- ½ culleradeta de pebre negre
- ½ tassa de fulles d'alfàbrega fresca picades
- 2 cullerades de suc de llima fresc
- Coco ratllat sense sucre (opcional)

1. Escalfeu l'oli de coco en una paella extra gran a foc mitjà. Afegiu llimona; coure i remeneu durant 1 minut. Afegiu-hi els bolets, la ceba, el jalapeño, el gingebre i l'all; coure i remeneu durant 2 minuts o fins que la ceba es

suavitzi. Afegiu el pollastre; coure durant uns 3 minuts o fins que el pollastre estigui cuit.

2. En un bol petit, combineu la llet de coco, el brou d'os de pollastre, el curri en pols i el pebre negre. Afegiu a la barreja de pollastre a la paella; coure durant 1 minut o fins que el líquid espesseixi lleugerament. Retirar del foc; afegir alfàbrega fresca i suc de llima. Si ho desitja, empolvoreu les porcions amb coco.

AMANIDA DE POLLASTRE A LA PLANXA I ESCAROLA DE POMA

DEURES:30 minuts a la planxa: 12 minuts Rendiment: 4 racions

SI T'AGRADA UNA POMA MES DOLÇAANAR AMB EL CRUIXENT DE MEL. SI T'AGRADA EL PASTIS DE POMA, FES SERVIR UN GRANNY SMITH O, PER EQUILIBRAR-TE, PROVA UNA BARREJA DELS DOS.

- 3 pomes mitjanes Honeycrisp o Granny Smith
- 4 culleradetes d'oli d'oliva verge extra
- ½ tassa d'escalunyes ben picades
- 2 cullerades de julivert fresc picat
- 1 cullerada de condiment d'aviram
- 3-4 escaroles, tallades a quarts
- 1 lliura de pit de pollastre mòlt o de gall dindi
- ⅓ tassa d'avellanes torrades picades*
- ⅓ tassa de vinagreta francesa clàssica (vegeurecepta)

1. Talleu les pomes per la meitat i traieu-les. Peleu i piqueu finament 1 poma. Escalfeu 1 culleradeta d'oli d'oliva en una paella mitjana a foc mitjà. Afegiu la poma picada i les escalunyes; coure fins que estigui suau. Afegiu julivert i condiment de pollastre. Deixeu refredar.

2. Mentrestant, treure el cor de les 2 pomes restants i tallar-les a rodanxes. Pinteu els costats tallats de les rodanxes de poma i l'escarola amb l'oli d'oliva restant. Combina el pollastre i la barreja de poma refredada en un bol gran. Dividiu-lo en vuit parts; donar forma a cada porció en un pastís de 2 polzades.

3. Per a les graelles de carbó o de gas, poseu les patates de pollastre i les rodanxes de poma a una graella directa a foc mitjà. Tapa i grill durant 10 minuts, girant una vegada a la meitat de la graella. Afegiu l'escarola amb els costats tallats cap avall. Cobrir i coure a la brasa de 2 a 4 minuts o fins que l'escarola estigui lleugerament carbonitzada, les pomes estiguin tendres i les patates de pollastre estiguin cuites (165 °F).

4. Talleu l'escarola a trossos grans. Dividiu l'escarola entre quatre plats de servir. Damunt amb les empanades de pollastre, les rodanxes de poma i les avellanes. Remou amb vinagreta francesa clàssica.

*Consell: per torrar avellanes, preescalfeu el forn a 350 ° F. Escampeu els fruits secs en una sola capa en un plat de forn poc profund. Coure al forn durant 8-10 minuts o fins que estigui lleugerament daurat, remenant una vegada perquè es dauri uniformement. Refredar lleugerament els fruits secs. Col·loqueu els fruits secs calents sobre un drap de cuina net; fregar amb una tovallola per eliminar la pell solta.

SOPA DE POLLASTRE A LA TOSCANA AMB TIRES DE COL

DEURES:Temps de cocció: 15 minuts: 20 minuts Rendiment: 4 a 6 porcions

UNA CULLERADA DE PESTO- LA VOSTRA ELECCIÓ D'ALFÀBREGA O RÚCULA: AFEGEIX SABOR A AQUESTA SOPA SALADA D'AUS DE CORRAL SENSE SAL. PER MANTENIR EL KALE VERD BRILLANT I PLE DE NUTRIENTS, CUINI NOMÉS FINS QUE S'ASSEQUI.

- 1 lliura de pollastre mòlt
- 2 cullerades de condiment d'aus de corral sense sal
- 1 culleradeta de pell de llimona ratllada finament
- 1 cullerada d'oli d'oliva
- 1 tassa de ceba picada
- ½ tassa de pastanagues picades
- 1 tassa d'api picat
- 4 grans d'all, picats
- 4 tasses de brou d'os de pollastre (vegeu<u>recepta</u>) o brou de pollastre sense sal
- 1 llauna de 14,5 unces de tomàquets rostits al foc sense sal afegit, sense escórrer
- 1 manat de col Lacinato (toscana), sense tiges, tallat a trossos
- 2 cullerades de suc de llimona fresc
- 1 culleradeta de farigola fresca, tallada a tires

Pesto d'alfàbrega o rúcula (vegeu<u>receptes</u>)

1. En un bol mitjà, combineu el pollastre mòlt, el condiment per a aus de corral i la ratlladura de llimona. Barrejar bé.

2. Escalfeu l'oli d'oliva al forn holandès a foc mitjà. Afegiu la barreja de pollastre, la ceba, les pastanagues i l'api; coure durant 5-8 minuts o fins que el pollastre ja no estigui rosat, remenant amb una cullera de fusta per trencar la carn, i afegint els grans d'all durant l'últim minut de cocció. Aboqueu-hi el brou d'os de pollastre i els tomàquets. Porteu a ebullició; reduir la calor. Tapar i coure a foc lent durant 15 minuts. Afegiu-hi la col, el suc de llimona i la farigola. Cuini a foc lent, sense tapar, uns 5 minuts o fins que la col estigui tendra.

3. Per servir, aboqueu la sopa en bols i poseu-hi pesto d'alfàbrega o rúcula.

POLLASTRE LARB

DEURES:Cuinar 15 minuts: Refredar 8 minuts: 20 minuts
Rendiment: 4 porcions

AQUESTA VERSIÓ D'UN PLAT POPULAR TAILANDÈSEL POLLASTRE I LES VERDURES MOLT CONDIMENTATS QUE ES SERVEIXEN A LES FULLES D'ENCIAM SÓN INCREÏBLEMENT LLEUGERS I SABOROSOS, SENSE EL SUCRE AFEGIT, LA SAL I LA SALSA DE PEIX (QUE ÉS MOLT ALTA EN SODI) QUE TRADICIONALMENT FORMEN PART DE LA LLISTA D'INGREDIENTS. AMB ALL, XILES TAILANDESOS, CITRONELA, RATLLADURA DE LLIMA, SUC DE LLIMA, MENTA I CORIANDRE, NO US HO PODEU PERDRE.

- 1 cullerada d'oli de coco refinat
- 2 lliures de pollastre mòlt (95% de pit magre o mòlt)
- 8 unces de bolets, ben picats
- 1 tassa de ceba vermella picada finament
- 1-2 pebrots tailandesos, sense llavors i picats finament (vegeu inclinació)
- 2 cullerades d'all picat
- 2 cullerades de llimona picada finament*
- ¼ de culleradeta de clau mòlta
- ¼ culleradeta de pebre negre
- 1 cullerada de pell de llima ratllada finament
- ½ tassa de suc de llima fresc
- ⅓ tassa de fulles de menta fresca ben empaquetades, picades
- ⅓ tassa de coriandre fresc ben envasat, picat
- 1 cap d'enciam iceberg, dividit en fulles

1. Escalfeu l'oli de coco en una paella extragran a foc mitjà-alt. Afegiu el pollastre mòlt, els bolets, les cebes, els xiles, l'all, la llimona, els claus i el pebre negre. Cuini durant 8-10 minuts o fins que el pollastre estigui cuit, remenant amb una cullera de fusta per trencar la carn mentre es cuina. Escórrer si cal. Transferiu la barreja de pollastre a un bol extra gran. Deixeu refredar uns 20 minuts o fins que estigui lleugerament més càlid que la temperatura ambient, remenant de tant en tant.

2. Afegiu la ratlladura de llima, el suc de llima, la menta i el coriandre a la barreja de pollastre. Servir sobre fulles d'enciam.

*Consell: necessitareu un ganivet afilat per preparar la llimona. Talla la tija llenyosa de la part inferior de la tija i les fulles verdes dures de la part superior de la planta. Traieu les dues capes externes dures. Hauríeu de tenir un tros de llimona d'uns 6 polzades de llarg i de color groc pàl·lid. Talleu la tija per la meitat horitzontalment, després torneu a tallar cada meitat per la meitat. Talleu cada quart de tija a rodanxes molt fines.

HAMBURGUESES DE POLLASTRE AMB SALSA D'ANACARD DE SZECHWAN

DEURES:Cocció 30 minuts: 5 minuts Grill: 14 minuts
Rendiment: 4 porcions

L'OLI DE XILI ES FA ESCALFANT L'OLI D'OLIVA AMB PEBROT VERMELL TRITURAT ES POT UTILITZAR D'ALTRES MANERES. UTILITZEU-LO PER SOFREGIR VERDURES FRESQUES O REGEIX-LES AMB UNA MICA D'OLI DE BITXO ABANS DE COURE.

- 2 cullerades d'oli d'oliva
- ¼ culleradeta de pebre vermell mòlt
- 2 tasses d'anacard crues i rostides (vegeu inclinació)
- ¼ tassa d'oli d'oliva
- ½ tassa de carbassó ratllat
- ¼ tassa d'all picat finament
- 2 grans d'all picats
- 2 culleradetes de pell de llimona ben ratllada
- 2 culleradetes de gingebre fresc ratllat
- 1 lliura de pit de pollastre mòlt o de gall dindi

SALSA D'ANACARD DE SZECHWAN
- 1 cullerada d'oli d'oliva
- 2 cullerades de cibulet picat finament
- 1 cullerada de gingebre fresc ratllat
- 1 culleradeta de pols xinesa de cinc espècies
- 1 culleradeta de suc de llimona fresc
- 4 fulles d'enciam verd o mantega

1. Per a l'oli de xili, combineu l'oli d'oliva i el pebre vermell mòlt en una cassola petita. Escalfeu a foc lent durant 5 minuts. Retirar del foc; deixar refredar.

2. Per a la mantega d'anacard, poseu els anacards i 1 cullerada d'oli d'oliva en una batedora. Tapeu i barregeu fins que quedi cremós, deixant de raspar els costats segons calgui, i afegiu-hi l'oli d'oliva 1 cullerada a la vegada fins que hàgiu utilitzat tota ¼ de tassa i la mantega quedi ben llisa; posposar

3. En un bol gran, combineu el carbassó, les cebolletes, l'all, la ratlladura de llimona i 2 culleradetes de gingebre. Afegiu el pollastre mòlt; Remeneu bé. Doneu forma a la barreja de pollastre en quatre panets de ½ polzada de gruix.

4. Per a les graelles de carbó o de gas, poseu les patates a una graella untada amb oli directament a foc mitjà. Tapeu i grill durant 14-16 minuts o fins que estigui fet (165 °F), girant una vegada a la meitat de la graella.

5. Mentrestant, per a la salsa, escalfeu l'oli d'oliva en una paella a foc mitjà. Afegiu cibulet i 1 cullerada de gingebre; coure a foc mitjà-baix durant 2 minuts o fins que les cebes s'estovin. Afegiu ½ tassa de mantega d'anacard (refrigereu les restes de mantega d'anacard fins a 1 setmana), oli de xili, suc de llimona i pols de cinc espècies. Cuini durant 2 minuts més. Retirar del foc.

6. Serviu les empanades sobre fulles d'enciam. Regar amb salsa.

EMBOLCALLS DE POLLASTRE TURCS

DEURES: 25 minuts Temps de repòs: 15 minuts Temps de cocció: 8 minuts Rendiment: 4-6 porcions

"BAHARAT" SIGNIFICA LITERALMENT "ESPECIES" EN ARAB. UNA ESPECIA VERSATIL A LA CUINA DE L'ORIENT MITJA, SOVINT S'UTILITZA COM A FREGAMENT SOBRE PEIX, AUS I CARN, O BARREJADA AMB OLI D'OLIVA I UTILITZADA COM A MARINADA DE VERDURES. LA COMBINACIO D'ESPECIES DOLCES I CALIDES COM LA CANYELLA, EL COMI, EL CORIANDRE, ELS CLAUS I EL PEBRE VERMELL EL FA ESPECIALMENT AROMATIC. AFEGIR MENTA SECA ES UN TOC TURC.

- ⅓ tassa d'albercocs secs sense sal, picats
- ⅓ tassa de figues seques picades
- 1 cullerada d'oli de coco sense refinar
- 1½ lliures de pit de pollastre mòlt
- 3 tasses de porros picats (només parts blanques i verd clar) (3)
- ⅔ pebrot verd i/o vermell mitjà, tallat a rodanxes fines
- 2 cullerades d'espècies Baharat (vegeu recepta, d'acord amb)
- 2 grans d'all picats
- 1 tassa de tomàquets sense llavors, picats (2 mitjans)
- 1 tassa de cogombre sense llavors, tallat a rodanxes (½ mida mitjana)
- ½ tassa de festucs sense sal, pelats i picats, torrats (vegeu inclinació)
- ¼ tassa de menta fresca picada
- ¼ tassa de julivert fresc picat

8-12 fulles grans d'enciam de mantega o d'enciam Bibb

1. Poseu els albercocs i les figues en un bol petit. Afegiu ⅔ tassa d'aigua bullint; deixar reposar 15 minuts. Escórrer, reservant ½ tassa de líquid.

2. Mentrestant, escalfeu l'oli de coco en una paella extra gran a foc mitjà. Afegiu el pollastre mòlt; coure durant 3 minuts, remenant amb una cullera de fusta per trencar la carn mentre es cou. Afegiu porros, pebre vermell, espècies Baharat i all; Cuini i remeneu durant uns 3 minuts, o fins que el pollastre estigui cuit i els pebrots estiguin tendres. Afegiu-hi els albercocs, les figues, el líquid reservat, els tomàquets i els cogombres. Cuini i remeneu durant uns 2 minuts o fins que els tomàquets i els cogombres es comencin a trencar. Afegiu-hi els festucs, la menta i el julivert.

3. Serviu el pollastre i les verdures sobre fulles d'enciam.

Espècies Baharat: en un bol petit, combineu 2 cullerades de pebre vermell; 1 cullerada de pebre negre; 2 culleradetes de menta seca, ben triturada; 2 culleradetes de comí mòlt; 2 culleradetes de coriandre mòlt; 2 culleradetes de canyella mòlta; 2 culleradetes de clau mòlta; 1 culleradeta de nou moscada mòlta; i 1 culleradeta de cardamom mòlt. Emmagatzemar en un recipient ben tancat a temperatura ambient. Fa aproximadament ½ tassa.

GALLINES ESPANYOLES CORNIQUES

DEURES:10 minuts de cocció: 30 minuts de cocció: 6 minuts
Rendiment: 2-3 porcions

AQUESTA RECEPTA NO POT SER MES FACIL"I ELS RESULTATS SON REALMENT SORPRENENTS. UNA GENEROSA QUANTITAT DE PEBRE VERMELL FUMAT, ALL I LLIMONA DONA A AQUESTS OCELLS UN GRAN SABOR.

- 2 gallines còrniques d'1½ lliura, descongelades si es congelen
- 1 cullerada d'oli d'oliva
- 6 grans d'all picats
- 2-3 cullerades de pebre vermell fumat dolç
- ¼ a ½ culleradeta de pebre de caiena (opcional)
- 2 llimones, a quarts
- 2 cullerades de julivert fresc picat (opcional)

1. Preescalfeu el forn a 375°F. Per tallar les gallines en quarts, utilitzeu tisores de cuina o un ganivet afilat per tallar els dos costats de la columna vertebral estreta. Obriu l'ocell de papallona i talleu el pollastre per la meitat a través de l'estèrnum. Traieu els quarts posteriors tallant la pell i la carn, separant les cuixes del pit. Mantingueu l'ala i el pit intactes. Fregueu els trossos de pollastre còrnic amb oli d'oliva. Espolvorear amb all picat.

2. Col·loqueu els trossos de pollastre, amb la pell cap amunt, en una paella molt gran apta per al forn. Espolvorear amb pebre vermell fumat i caiena. Espremeu quarts de llimona sobre els pollastres; afegir

quarts de llimona a la paella. Gireu els trossos de pollastre amb la pell cap avall a la paella. Cobrir i coure durant 30 minuts. Traieu la paella del forn.

3. Escalfeu la graella. Gireu les peces amb unes pinces. Ajusteu la reixeta del forn. Grill de 4 a 5 polzades del foc durant 6 a 8 minuts, fins que la pell estigui daurada i el pollastre estigui cuit (175 ° F). Ruixeu la paella amb els sucs. Espolvorear amb julivert si es desitja.

MAGRET D'ANEC AMB MAGRANA I AMANIDA DE JICAMA

DEURES: 15 minuts Temps de cocció: 15 minuts Rendiment: 4 porcions

RETALLA EL PATRO DE DIAMANTSEL GREIX DELS PITS D'ANEC PERMET QUE EL GREIX DEGOTI EN FER PITS CONDIMENTATS AMB GARAM MASALA. EL GREIX ES BARREJA AMB LA JICAMA, LLAVORS DE MAGRANA, SUC DE TARONJA, BROU DE VEDELLA I ES BARREJA AMB VERDURES PICANTS PER MARCIR-LES UNA MICA.

- 4 pits d'ànec magres i desossats (uns 1½ a 2 lliures en total)
- 1 cullerada de garam masala
- 1 cullerada d'oli de coco sense refinar
- 2 tasses de jícama, pelada i tallada a daus
- ½ tassa de llavors de magrana
- ¼ tassa de suc de taronja fresc
- ¼ tassa de brou d'os de vedella (vegeu_recepta_) o brou de vedella sense sal
- 3 tasses de créixens, sense tiges
- 3 tasses de frisee trencat i/o d'escarola belga a rodanxes fines

1. Amb un ganivet afilat, feu talls poc profunds en forma de diamant al greix dels magrets d'ànec a intervals d'1 polzada. Espolseu garam masala a banda i banda de la brasa. Escalfeu una paella extra gran a foc mitjà. Fondre l'oli de coco en una paella calenta. Col·loqueu els costats del pit a la paella, amb la pell cap avall. Coure al forn durant 8 minuts, amb la pell cap avall, procura que no es dauri massa ràpidament (redueix la

calor si cal). Doneu la volta al magret d'ànec; Cuini de 5 a 6 minuts addicionals, o fins que un termòmetre de lectura instantània inserit als costats del pit registri una temperatura mitjana de 145 ° F. Traieu les meitats del pit, deixant el greix a la paella; Cobrir amb paper d'alumini per mantenir-lo calent.

2. Per vestir, afegiu la jicama al greix de la paella; coure i remeneu durant 2 minuts a foc mitjà. Afegiu a la paella les llavors de magrana, el suc de taronja i el brou d'os de vedella. Porteu a ebullició; retirar del foc immediatament.

3. Per a l'amanida, combineu els créixens i el fregit en un bol gran. Aboqueu la salsa picant sobre les verdures; tirar la tovallola.

4. Dividiu l'amanida en quatre plats. Talleu els magrets d'ànec a làmines fines i afegiu-los a l'amanida.

www.ingramcontent.com/pod-product-compliance
Lightning Source LLC
Chambersburg PA
CBHW071423080526
44587CB00014B/1727